事業承継M&Aの進め方 上
――事業承継の戦略立案

株式会社アスパシオ
田中 康之〔著〕

中央経済社

M&Aブックレットシリーズについて

　私は約30年間M&Aの世界に身を置いている。
　この間、国内外のさまざまな企業による多くの実例が積み上がり、今では連日のようにM&Aに関連する報道が飛び交っている。一方で、「M&Aってどんなこと？」と敷居の高さを感じる方も多いのではないだろうか。
　本シリーズはこの現状に一石を投じ、学生や新社会人からM&A業務の担当者、さらにアドバイスする側の専門家など、M&Aに関心のあるすべての方々にご活用いただくことを念頭に、「M&Aの民主化」を試みるものである。

　本シリーズの特徴は、第一に、読者が最も関心のある事項に取り組みやすいよう各巻を100ページ前後の分量に「小分け」にして、M&A全般を網羅している。第二に、理解度や経験値に応じて活用できるよう、概論・初級・中級・上級というレベル分けを施した。第三に、多岐にわたるM&Aのトピックを、プロセスの段階や深度、また対象国別など、テーマごとに1冊で完結させた。そして、この"レベル感"と"テーマ"をそれぞれ縦軸と横軸として、必要なテーマに簡単にたどり着けるよう工夫をこらしてある。

　本シリーズには、足掛け5年という構想と企画の時間を費やした。発刊に漕ぎ着けたのは、ひとえに事務局メンバーの岩崎敦さん、平井涼真さん、堀江大介さんのご尽力あってこそである。加えて、構想段階から"同志"としてお付き合いいただいた中央経済社の杉原茂樹さんと和田豊さんには、厚く御礼申し上げる。
　本シリーズがM&Aに取り組むさまざまな方々のお手元に届き、その課題解決の一助になることを願ってやまない。

シリーズ監修者　福谷尚久

はじめに

　本書『事業承継M&Aの進め方（上）—事業承継の戦略立案』では、近年中堅・中小の未上場企業の重要な経営課題としてよく取り上げられる「事業承継」について、その概念と現在のわが国における事業承継の現状と問題点を取り上げる。また、本書に続く「事業承継のためのM&Aの進め方（下）—事業承継M&Aの実行」では、事業承継の一手段である事業承継M&Aについてその手法や留意点、課題等の整理を行う。

　「事業承継M&A」は、事業承継における一手段であって、全体の事業承継件数からみれば圧倒的に少ない状況にある。しかしながら、それ以外の手段による事業承継はさまざまな理由から不首尾に終わることも多く、近年は「事業承継M&A」の件数が増加している。また、それを促進する法整備も進み、中小企業を対象とした事業承継M&Aプラットフォームも複数存在する状況が現出していることを背景とし、今後さらなる拡大が期待されている。

　しかしながら、M&Aという手法による課題解決は「後戻りができない1回限りの取り組み」であり、その実施においては専門的知見に基づく慎重な対応と判断を要するが、多くの経営者にとってM&Aは未知の領域である。そのため、実施に二の足を踏む経営者も少なくなかった。

　とはいえ、経営者の高齢化は急激に進んでおり、事業承継はもはや「検討すべき経営課題の1つ」ではなく「喫緊に『実行』しなければならない最重要の問題」となっている。経営者の高齢化と中小企業の休廃業・解散件数は比例し、ともに増加傾向にある。すなわち、円滑な事業承継が実施されなければ、廃業や解散を選択せざるを得ないという企業が多く存在しており、日本経済の基盤となっている多くの優良な中堅・中小企業の廃業による技術・ノウハウの消滅は日本経済の潜在的なリスクとして近年クローズアップされてきている。

　このような状況で、急ピッチでさまざまな政策・施策が整備され、また官民連携で事業承継M&Aの実施を後押しする仕組みが構築されており、それらの要因からM&Aによる事業承継は近年大幅に増加傾向にある（**図表0-1**参照）。

図表0-1：休廃業・解散件数と経営者平均年齢の推移

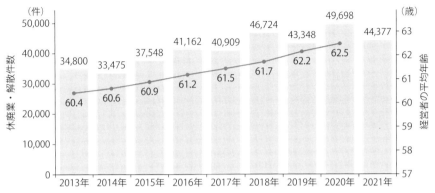

資料：（株）東京商工リサーチ「2021年「休廃業・解散企業」動向調査」、「全国社長の年齢調査」
（注）経営者の平均年齢は2020年までを集計している。
出所：「中小企業白書2022」。なお、同図は（株）東京商工リサーチ「2021年「休廃業・解散企業」動向調査」、「全国社長の年齢調査」を加工したもの。経営者の平均年齢は2020年までを集計している

　本書においては、曖昧な概念である「事業承継」について包括的な整理を行うとともに、円滑な事業承継の実現のために必要な準備や手続等について説明を行う。事業承継の検討において参考としていただければ幸いである。

株式会社ASPASIO　田中康之

目次

はじめに　3

第1章　事業承継とは何か

1　事業承継の整理①：引き継ぐ対象による分類 …………………… 10
2　事業承継の整理②：引き継ぎ相手の属性による分類 …………… 12
3　事業承継を取り巻く環境整備 …………………………………… 14
　(1)　経営承継円滑化法・事業承継税制 …………………………… 14
　(2)　「事業承継ガイドライン」の成立 …………………………… 15
　(3)　事業承継・引継ぎ支援センターの設置 ……………………… 15
　(4)　事業承継・引継ぎ補助金制度の創設 ………………………… 16
　(5)　第三者承継支援総合パッケージなどの活用 ………………… 17
　(6)　「経営者保証に関するガイドライン」の特則の活用 ……… 18
　　Column　事業承継における手段のミスマッチ　18

第2章　事業承継の準備とプランニング

1　事業承継の準備 …………………………………………………… 22
　(1)　事業承継の検討開始時期 ……………………………………… 22
　(2)　事業承継の「大方針」の決定 ………………………………… 22
　　①円滑に相続人（親族）に対し承継したい場合　23
　　②所有権は自らが継続保有しつつ、経営は第三者に承継したい場合　23
　　③所有・経営とも第三者に承継しつつ、一定の収入を得たい場合　25
　　④所有・経営とも第三者に承継し、手元に現金を残したい場合　27
　(3)　経営状況・経営課題などの把握（見える化） ……………… 28
　(4)　事業承継に向けた要解決課題の洗い出しと対策の実行（磨き上げ） ……………………………………………………… 32
　　①対象事業の将来性　32
　　②承継後に顕在化する危険性のあるさまざまなリスク　33
　(5)　業績が悪化した企業の事業承継 ……………………………… 35

2 事業承継を成功させるためのプランニング（事業承継計画）……37
　(1)「経営」の承継……………………………………………………………37
　　①承継行為が会社の価値・業績を毀損しないようにする　38
　　②承継対象者が十分な納得感と経営を行う意思を持てるようにする　39
　　③経営を委ねるための枠組みを明確に構築する　40
　(2)「所有」の承継①：一部資産などを分割し、事業運営法人を承継する……………………………………………………………41
　(3)「所有」の承継②：現状での外部第三者への株式譲渡…………41
　　①買い手となる相手企業などについての希望条件の検討　42
　　②買い手となる相手企業などに対するM&A後の要望事項の検討　42
　　③想定売却価格の検討　42
　　④退任にともなう役員退職慰労金の処理　43
　　⑤売却後の自らの処遇・立場などの確認　43
　　⑥信頼できるアドバイザーの選定　44
　(4)「所有」の段階的承継（役職員への譲渡）………………………45
　　①会社から後継者に貸付を行い、当該貸付金で株式譲渡対価を支払う　45
　　②役員報酬の一部を株式取得対価として段階的に支払う　45
　　③創業者保有株式の種類株式転換を進め、会社が償還する　46
　　④投資ファンド・金融機関などからの投融資受け入れによるMBOの実施　48
　　Column　社長とアドバイザー／コンサルタントの健全でない関係性　46

第3章　事業承継におけるさまざまな方策
―親族内承継・社内承継を中心に―

1 親族内承継・社内承継におけるさまざまな手法の活用…………50
　(1) 従業員持株会の組成と活用……………………………………………50
　　①保有株式の評価額を引き下げる　50
　　②株式散逸防止による安定株主対策　51

(2) 種類株式の活用 ……………………………………………………… 51
　　　(3) 親族内承継における信託の活用（事業承継信託）………………… 53
　　　　①他益信託　53
　　　　②遺言代用信託　53
　　　　③帰属権利者型信託　54
　　　　④受益者連続信託　54
　　　(4) 親族内承継における生命保険の活用 ……………………………… 55
　　　　①納税資金・株式買取資金としての生命保険の活用　55
　　　　②退職金原資・生活資金としての生命保険の活用　55
　2　後継者育成の方法と課題 ………………………………………………… 56
　　　(1) 対象者の自覚の涵養と周囲の理解の醸成 ………………………… 56
　　　(2) 総合的な業務知識・経験の習得支援 ……………………………… 57
　　　(3) 理念の承継と変革の要請 …………………………………………… 58
　　　(4) さまざまなステークホルダーとの「関係性」の承継 …………… 59
　　　Column　事業承継における兄弟・親族の取り扱いの難しさ　60

第 1 章

事業承継とは何か

本章で学べること

　「事業承継」という言葉は近年よく耳にするものであるものの、その内容は曖昧で明確な定義がなく、シチュエーションによって異なる使われ方をしている。本章では事業承継の包括的な概念を提示し、わが国における近年の事業承継の動向とその問題点の概括的な整理を行う。

1 事業承継の整理①：引き継ぐ対象による分類

「事業承継」は、広義に捉えれば、事業（そのもの）を別の主体（個人・法人）に引き継ぐ行為である。それでは、「事業（そのもの）を引き継ぐ」とは具体的にどういう行為であろうか。

「事業（そのもの）を引き継ぐ」ということは、その所有権を引き継ぐということとも考えられるし、経営権を引き継ぐ、と理解することもできる。事業を運営する主体として株式会社を想定した場合、この「所有の引継ぎ」と「経営の引継ぎ」は明確に異なる。株式会社はその構成上所有主体（株主）と経営主体（取締役など）は分離されており、事業承継という用語はこの2種類の承継が包含されている。

したがって、事業承継は、引き継ぐ対象によって以下の4パターンに大別できる（**図表1-1**参照）。

　①所有権も経営権も別の主体に引き継ぐもの
　②経営権を引き継ぎ、所有権は引き継がないもの
　③所有権を引き継ぎ、経営権は引き継がないもの
　④所有権と経営権を別々の主体にそれぞれ引き継ぐもの

①が最も一般的にイメージされる事業承継であり、オーナー経営者が自ら所有

図表1-1：事業承継の承継対象による区分

承継対象による区分	経営権を引き継ぐ	経営権を引き継がない
所有権を引き継ぐ	① ・一般的にイメージされる事業承継 ・オーナー経営者が自ら保有する株式を別の主体に譲渡し、譲り受けた主体が経営を行う	③ ・わかりやすい例として株式の上場 ・経営は自らが継続して行う
所有権を引き継がない	② ・いわゆる「後継者探し」 ・オーナー経営者が株式を継続保有するが、社内昇格や外部からプロ経営者を招聘することなどにより経営権を別の主体に譲り渡す	④ ・投資ファンドや事業会社への売却など ・経営は長年自社で経営者の片腕として活躍してきた人物に引き継ぐ

する株式を別の主体に譲渡し、譲り受けた主体が直接経営を行うものということができる。この「別の主体」とは、親族の場合もあれば第三者（個人・法人）の場合もある。

②は、いわゆる「後継者探し」であり、自らが会社のオーナーシップを継続して持ち続けることには変わりはないものの、高齢化などの理由から自ら経営に関与することが難しくなったことなどを理由として、社内昇格や外部からのプロ経営者の招聘により経営権を別の主体に譲り渡すものである。

③はイメージが難しいパターンであるが、最もわかりやすい例は「株式の上場」である。株式の上場は自らのオーナーシップを手放す（もしくは希薄化させる）行為であるが、通常の場合、上場前後において経営者が変更することはない。また、資金化を目的として成長途上の会社株式を上場企業などに売却し自らは経営を継続するような場合もこれにあたる。中小企業において、相続対策として株式を親族に段階的に生前贈与し、経営は自らが継続して実施するような場合もこのパターン③となる。

④は、自らも高齢化が進み③が選択できないような場合、株式は投資ファンドや事業会社に売却し、経営は長年自社で自らの片腕として活躍してきた番頭格の人物に引き継ぐというようなケースがある。地方で地域に密着した事業を行っているような場合、会社の「顔」たる経営者は長年の事業の中で顧客・取引先などに認知されている人物でなければならないような状況であることが多い。しかしながら、経営を引き継ぐ人材は社内にいても、その人物に資力がない場合は、所有権は経営とは別の主体に譲り渡すことを余儀なくされることとなる。

なお、「所有」の引継ぎにおいては、事業を分割して一部を引き継ぐという場合もある。

具体的には以下のようなケースが実務上も多く存在している。

　①事業を、不動産（土地建物）とそれ以外に区分し、不動産は継続的に所有するものの、それ以外を別の主体に引き継ぐもの
　②事業を、知的財産権（特許権、意匠権等）とそれ以外に区分し、知的財産権は継続的に所有するものの、それ以外を別の主体に引き継ぐもの

①も②も、事業を構成する一部の資産である不動産や知的財産権について所有を継続し、それ以外の事業を包括的に別の主体に引き継ぐものである。このような行為が行われる背景は、不動産や知的財産権は事業の譲受者に対し賃借するこ

とにより、安定的な収入を継続的に確保することを目的としていることが多い。また、先祖伝来の土地は売却できないという事情により、このような手段を講じる場合もある（このような分割譲渡の具体的なストラクチャーについては「第2章2節　事業承継を成功させるためのプランニング（事業承継計画）」を参照のこと）。

2　事業承継の整理②：引き継ぎ相手の属性による分類

　前節では、承継対象の違いによる整理を行ったが、それ以外にも引き継ぎ相手の属性によって以下のとおり分類・整理できる（**図表1-2**参照）。
　①親族に対し引き継ぐもの（親族内承継）
　②親族外の社内役職員に対し引き継ぐもの
　③親族・社内役職員以外の第三者に対し引き継ぐもの

　従来わが国において、中堅・中小企業の事業承継に占める割合が圧倒的に大きかったのが①の親族内承継である。事業を実質的に家業と捉え、親族が創業者より所有権（株式）とともに事業の経営を引き継ぐことが一般的な承継となる。また、相続において複数の親族に株式を分割承継する場合もあるが、この親族間での株式の分散は、複数回の相続や贈与を経る中で一部株主の所有関係が不明な状況となり、事業承継M&Aの障壁となる場合もある（「第2章1節　事業承継の準備（4）事業承継に向けた要解決課題の洗い出しと対策の実行（磨き上げ）」を参照）。なお、近年は所有権のみ親族に引き継ぎ、経営は社内役職員や第三者に対し引き継ぐケースも増加している。

　親族内に経営を引き継ぐ能力のある人物がいない場合、第一の選択肢となるのは②社内役職員への承継と考えられる。番頭格として長年事業を切り盛りしてきた人物がいる場合、顧客や取引先などにも認知されており、従業員にも自然に受け入れられることが多いと思われる。しかしながら、通常、創業者以外の親族外役職員の場合、所有権（株式）を引き継ぐ資力を蓄えているケースは稀であることから、前述のとおり経営のみを引き継ぎ所有権は創業者および親族が保有する場合や時間をかけた長期分割譲渡を行う場合、不動産や知的財産権を切り離し株式価値を減じたうえで引き継ぎを行う場合など、何らかの調整や工夫を必要とする場合がある。

図表1-2:引き継ぐ対象による区分

①親族に対し引き継ぐもの（親族内承継）	・従来わが国において、中堅・中小企業の事業承継に占める割合が圧倒的に大きい ・事業を実質的に家業として捉え、親族が創業者より所有権（株式）とともに事業の承継を引き継ぐ ・近年は所有権のみを親族に引き継ぎ、経営は社内役職員や第三者に対し引き継ぐケースも増加
②親族外の社内役職員に対し引き継ぐもの	・親族内に経営を引き継ぐ能力のある人物がいない場合における社内役職員への承継 ・番頭格として長年事業を切り盛りしてきた人物がいる場合には、顧客や取引先にも認知されていることから、従業員に自然に受け入れられることが多い ・しかし、当該人物が、所有権（株式）を引き継ぐ資力を蓄えているケースは稀なため、何らかの調整や工夫を必要とする場合がある
③親族・社内役職員以外の第三者に対し引き継ぐもの	・資力のある第三者に対し所有・経営とも引き継ぐ ・経営のみ引き継ぐ場合には「経営者の外部招聘」であり、所有（株式）も引き継ぐ場合は事業承継M&Aとなる

　また、事業承継は創業者の相続問題と密接に関係していることが多い。相続という観点からは、未上場株式は換価が非常に困難である反面、相応の財産的価値を持つことから相続税負担について考える必要がある。特に、経営権を社内役職員や第三者に引き継ぎ、株式が手元に残る場合は、自らがその財産的価値をコントロールできない換価困難な資産を親族に相続することになる。このような状況を回避するため、資力のある第三者に対し所有・経営とも引き継ぐ（もしくは所有のみ引き継ぐ）という③の選択肢が検討されることになる。③については、経営のみを引き継ぐ場合は「経営者の外部招聘」であり、所有（株式）も引き継ぐ場合は事業承継M&Aとなる。

　なお、近年は、官民一体となった環境整備が奏功し、事業承継M&Aを選択するケースが増加傾向にある（**図表1-3**参照）。

図表1-3：近年の事業承継における経営者の就任経緯

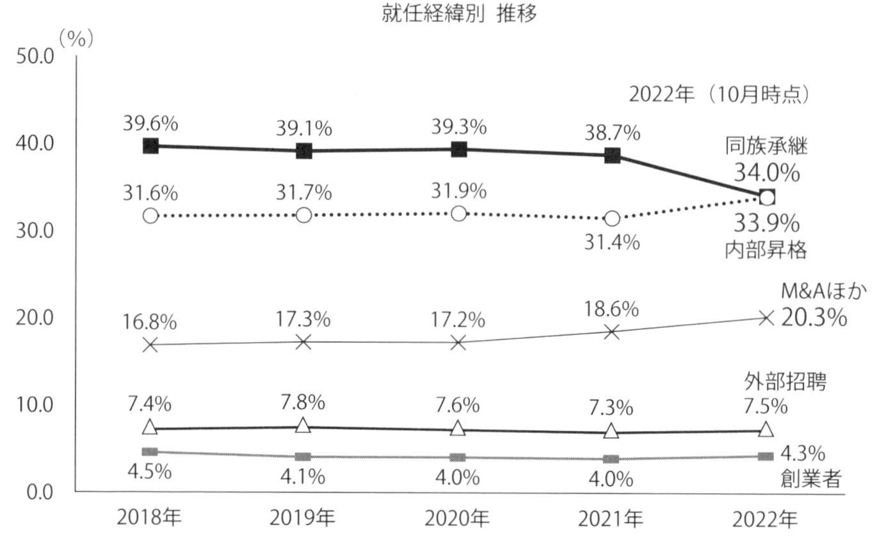

就任経緯別 推移

年	同族承継	内部昇格	M&Aほか	外部招聘	創業者
2018年	39.6%	31.6%	16.8%	7.4%	4.5%
2019年	39.1%	31.7%	17.3%	7.8%	4.1%
2020年	39.3%	31.9%	17.2%	7.6%	4.0%
2021年	38.7%	31.4%	18.6%	7.3%	4.0%
2022年（10月時点）	34.0%	33.9%	20.3%	7.5%	4.3%

出所：帝国データバンク「全国企業「後継者不在率」動向調査（2022）」

3　事業承継を取り巻く環境整備

　冒頭「はじめに」で述べたとおり、円滑な事業承継の実施は多くの企業にとって最重要の経営課題となっており、また、「承継が不首尾に終わった場合は廃業を選択」する経営者も増加しており、廃業による蓄積された技術やノウハウの消失は日本経済全体に与える悪影響も大きいものと考えられるため、近年、事業承継の円滑な遂行をサポートする制度や仕組みが官民一体となって急ピッチで整備されてきている。本節では、その概要について整理する。

（1）経営承継円滑化法・事業承継税制

　事業承継にともなう税負担の軽減や、民法上の遺留分への対応をはじめとする事業承継円滑化のための総合的支援策を講ずる「中小企業における経営の承継の円滑化に関する法律（以下、「経営承継円滑化法」）」が2008年5月に成立した（2021年8月施行の「産業競争力強化法等の一部を改正する等の法律」にともなう経営承継円滑化法の改正により、所在不明株主に関する会社法の特例の前提と

なる認定が新設された)。

　これは、同法による認定を受けた場合に事業承継(株式の譲渡・相続など)における一定の税制支援(納税猶予・減免)や金融支援(制度融資)を受けられるとしたものである。

　また、事業承継税制は、後継者である受贈者・相続人などが、経営承継円滑化法の認定を受けている非上場会社の株式などを贈与または相続などにより取得した場合、その非上場株式などに係る贈与税・相続税について、一定の要件のもと、その納税を猶予し、後継者の死亡などにより納税が猶予されている贈与税・相続税の納付が免除される制度である。経営承継円滑化法ならびに事業承継税制は、事業承継、特に所有権の移転(譲渡・相続など)において資金や納税負担が重いことが円滑な事業承継の妨げになっていることに対し対応したものであり、主に親族内承継や役職員への承継といった、「身内への引き継ぎ」を円滑に実施するための支援制度となっている。

(2)「事業承継ガイドライン」の成立

　2016年12月に、中小企業庁は、中小企業経営者の高齢化の進展などを踏まえ、円滑な事業承継の促進を通じた中小企業の事業活性化を図るため、事業承継に向けた早期・計画的な準備の重要性や課題への対応策、事業承継支援体制の強化の方向性などについて取りまとめた「事業承継ガイドライン」を策定した。

　同ガイドラインは、その後の経営環境変化や事業承継M&Aの増加などを踏まえ、2022年3月に5年ぶりに改訂されている。

　同ガイドラインに記載されている内容や方向性が、その後のさまざまな制度整備に反映されている。このガイドラインによって、第三者への譲渡を含む包括的な事業承継の枠組みが整理され、その後の事業承継M&Aの拡大につながっているといえる。

(3) 事業承継・引継ぎ支援センターの設置

　事業承継・引継ぎ支援センター(以下、「事業承継支援センター」という)は、事業承継・引継ぎをワンストップで支援する目的で設置された公的機関である。これまで第三者による事業引継ぎを支援してきた「事業引継ぎ支援センター」と、主に親族内承継を支援してきた「事業承継ネットワーク」の機能を統合したもの

図表1-4：官民連携の事業承継支援体制

経営承継円滑化法	・趣旨：事業承継にともなう税負担の軽減や民法上の遺留分への対応 ・内容：認定を受けた場合に事業承継（株式の譲渡・相続等）における一定の税制支援（納税猶予・減免）や金融支援（制度融資）を受けられる
事業承継税制	・趣旨：事業承継、特に所有権の移転（譲渡・相続等）において資金や納税負担に配慮 ・内容：経営承継円滑化法の認定を受けている非上場会社の株式等を贈与または相続等により取得した後継者の、当該株式に係る贈与税・相続税について、一定の要件のもと、その納税が猶予・免除される制度
事業承継ガイドラインの成立	・趣旨：中小企業経営者の高齢化の進展などを踏まえ、円滑な事業承継の促進を通じた中小企業の事業活性化を図るため中小企業庁が策定 ・内容：事業承継に向けた早期・計画的な準備の重要性や課題への対応策、事業承継支援体制の強化の方向性等について取りまとめられており、第三者への譲渡を含む包括的な事業承継の枠組みが整理された
事業承継・引継ぎ支援センターの設置	・趣旨：事業承継・引継ぎをワンストップで支援する目的で設置 ・内容：①第三者承継支援、②親族内承継支援、③後継者人材バンクの運営

となっている。事業承継支援センターは全都道府県に設置されており、独立行政法人 中小企業基盤整備機構（中小機構）が中小企業事業承継・引継ぎ支援全国本部として全国の事業承継支援センターをサポートしている。

　事業承継支援センターの主な支援内容は、①第三者承継支援（相手先マッチングサポートなど）、②親族内承継支援（事業承継税制の認定を受ける条件でもある事業承継計画策定の支援など）、③後継者人材バンクの運営（経営の第三者への承継（外部からの招聘）の支援）および④主に経営の社内役職員への承継において障壁となる経営者保証の解除支援（経営者保証ガイドライン（後述）に準拠した対応の支援など）であり、特に①については民間の事業承継プラットフォーマーや専門家との連携を行い、官民連携での支援体制が取られている（**図表1-4参照**）。

（4）事業承継・引継ぎ補助金制度の創設

　事業承継・引継ぎ補助金は、事業再編、事業統合を含む事業承継を契機として経営革新などを行う中小企業・小規模事業者に対して、その取組に要する経費の

figure 1-5：各種事業承継・引継ぎ補助金の概要

一部を補助するとともに、事業再編、事業統合にともなう経営資源の引継ぎに要する経費の一部を補助する事業を行うことにより、事業承継、事業再編・事業統合を促進し、わが国の経済の活性化を図ることを目的とする補助金である。

当該補助金は、①事業承継・引継ぎ補助金（経営革新）、②事業承継・引継ぎ補助金（専門家活用）、③事業承継・引継ぎ補助金（廃業・再チャレンジ）の3種類の補助金から構成されており、さらに①事業承継・引継ぎ補助金（経営革新）には、①-1創業支援型、①-2経営者交代型、①-3 M&A型の3種類があり、②事業承継・引継ぎ補助金（専門家活用）には、②-1買い手支援型と②-2売り手支援型の2種類が設定されている（図表1-5参照）。

なお、②の専門家活用における補助金は、認定を受けたM&A支援機関（後述）を活用する場合にその費用の一部が補助される仕組みであるため注意が必要である。

（5）第三者承継支援総合パッケージなどの活用

第三者承継支援総合パッケージとは、2019年12月に経済産業省が策定した中小企業の事業承継をサポートする制度であり、10年間で60万件の第三者承継（事業承継M&Aによる引継ぎ）を目標として設定された制度となっている。

これにより、中小M&Aガイドラインが成立し、中小規模の（主に事業承継を対象とする）M&Aを実施する際の判断となる指針が整備され、また当該ガイドラインに準拠して企業のサポートを行うファイナンシャルアドバイザーや事業承継のマッチングを行うプラットフォーマーがM&A支援機関として登録されるこ

とになった。事業者にとっては数多あるアドバイザーからどのように選定すればよいのかについて1つの基準が示されたことになり、またM&A支援機関として登録されたアドバイザーなどを活用した場合の費用の一部は事業承継・引継ぎ補助金（専門家活用）の対象となることになった。

（6）「経営者保証に関するガイドライン」の特則の活用

事業承継時に前経営者、後継者の双方から二重に保証を求めるいわゆる「二重保証」の問題や、後継者が金融債務に対する保証差し入れを実質的な義務として金融機関から求められることによって後継者候補が承継を拒否するケースが一定程度あるという事業承継の障壁を解消するために、経営者保証に関するガイドラインの特則が2019年12月に成立している。

Column

事業承継における手段のミスマッチ

往々にして、「思っていたことと結果が違う」ことはよく起こることであり、これは事業承継の現場においても同様である。

理屈の上では、好業績で今後の成長も見込める優良企業の場合、その会社の強みを十分熟知している社内のナンバーツーや若手の期待株が事業を承継して活躍することが最も良いように思われるが、実際にはこのような会社は株価が高く評価されてしまうことから、それまで一介のサラリーマンであった役職員ではとても買えないということになり、また創業者側も換金できない株を持っていても相続人が大変なことになるということで、結局は資金力のある事業会社や投資ファンドがM&Aで会社を買うということになる。

他方、業績不振でこのままでは事業が立ちいかなくなる可能性があるような場合、他社のノウハウやリソースを活用して事業の再生を図ることが良い方策と考えられるものの、なかなかそのような不振企業を買う相手を見つけることは難しく、結局は社歴の長い社員が義理と人情に絡めとられ

当該ガイドラインおよび特則は、金融債務の調達における経営者保証の合理的な枠組みを定めたものであり、事業承継においても非合理的な保証の引継ぎがなされないようにすることを目的として金融機関の実質的なルールとして運用されている。ただし、「合理的な範囲での経営者保証」について事業承継で引継ぎを求められないわけではないため留意する必要がある。

　このように、事業承継、特に事業承継M&Aの円滑な実施を目的とした各種制度やガイドラインなどの整備が近年急速に実施されたことにより、事業承継M&Aの件数は増加傾向にある。
　しかしながら、さまざまな支援の枠組みが事業承継M&Aの成功を約束するものではなく、安易なM&Aによる事業承継の実施は経営者・引き継ぐ主体・従業

て会社を引き継ぐ（押し付けられる）ことも良くある話である。このような場合、引き継いだ経営者は、創業者特有の「よくわからないけど、何とかする底力」みたいなものに欠けていることが多く、あっさりと会社を潰してしまう（そして結局保証責任だけ負わされてしまう）という結末となることも少なくない。

　M&Aというのはある意味「お見合い結婚」や「マッチングアプリでの出会い」みたいなところがあるので、「ぱっと見の良さ」が成立のための重要な決め手になる。業績不振企業を買って立て直すことが得意な経営者も存在するが、ほとんどの経営者は「少々高くても良いものがほしい」と考えているため、M&Aによる買い手企業リソースの活用がベストな解決策と思われる会社にはなかなか良い買い手がつかないというのが実情であり、その中で何とか良い買い手企業を日本中から探し出してくるのがM&Aアドバイザーの腕の見せどころといえるのである。

員・顧客など、さまざまなステークホルダーに対して深刻な悪影響を与える危険もはらんでいる。事業承継M&Aの実施のハードルが下がったとはいえ、その実施にあたっては十分な準備と慎重な判断が必要であることに変わりはないのである。

第 2 章

事業承継の準備とプランニング

本章で学べること

　本章では、事業承継を実際に実行する前に実施すべき、「必要な準備」と「承継計画の立案」について解説する。事業承継は「1回限りの行為」であり、やり直しは実質的には困難であることから、「失敗しないための準備」と「成功させるための計画策定」は円滑な事業承継に不可欠であるといえる。

1 事業承継の準備

(1) 事業承継の検討開始時期

　事業承継は、個人の財産移転（相続）という面もあるものの、本質的には会社で営む事業（ならびに事業に関連する資産・負債・雇用や外部との諸契約など）を包括的に他者に引き渡す行為である。原則として事業承継行為に「クーリングオフ」はないため、事業承継の実施検討にあたっては、「なぜ今、事業承継を検討しなければならないのか」について明確にその目的を整理し自覚しておくことが求められる。

　特に、創業オーナーの事業承継においては、自らが産み育てた事業への愛着が強いため、事業承継の必要性は（頭では）認識しているものの、実際には踏み出せないというケースが多い。

　しかしながら、人間の寿命は予測不可能であり、また、想定外の突然の事故により執務困難となる場合もある。したがって、事業承継は「実施するタイミングの直前」に検討するべきものではなく、概ね「創業20年、もしくは本人の年齢が60歳を超えたタイミング」で将来の事業承継プランの検討を開始することが必要と考えられる。

(2) 事業承継の「大方針」の決定

　本書第1章「事業承継とは何か」1節（引き継ぐ対象による分類）および2節（引き継ぎ相手の属性による分類）において記載のとおり、「何を」「誰に」承継するのかという事業承継の大方針について決定することが必要となる。その大方針によって、具体的な事業承継実施のためのスケジュールや準備事項が変わってくるためである。

　この大方針を決定する場合に有効なアプローチが、「必要性に基づく検討」となる。事業承継はこの「承継」という言葉とは逆に、「自らの手元に何を残したいか」を決定し実行する行為と捉えることができる。「承継しないもの」を決めることによって、逆に承継の対象となるものや承継する相手が定まってくることになる（**図表2-1**参照）。

図表2-1：事業承継における引継ぎ対象ならびに引継ぎ相手による分類

引継ぎ相手	引継ぎ対象	ポイント
① 親族	自らが経営している会社のほかに、個人で持つ他の資産（上場有価証券や不動産など）を含めた包括的な資産	・相続人に円滑に経営を引き継ぐための準備が重要であり、長期的かつ段階的な承継プランの実行が求められる ・保有株式の相続人への分割生前贈与や持株会社の設立と移転を顧問税理士と協議し計画的に遂行（相続時に株式分散を防止するため）
② 役職員	・会社運営 所有権は自ら（および自らの相続人）が継続保有	・自社の事業内容や社風などを十分に理解しているものの、長期間にわたる経営者訓練や、候補者の経営を行う意思が必要
② 社外候補者	・会社運営 所有権は自ら（および自らの相続人）が継続保有	・外部の人間のためいきなり経営を委任することは現実的ではなく、「並走期間」が必要 ・自社の社風や事業の進め方と候補者のキャラクターが合わないような場合には、改めて選定する必要があるため、候補者選定は慎重に行う必要がある ・事業規模が相応に大きく、業績が良好な場合には、外部招聘候補者に経営を委任し、株式上場の達成を目指すことも選択肢になる
③ 第三者	・会社運営および所有権 所有・経営を第三者に承継することには問題ないものの、将来的に自ら（および自らの相続人）が一定の収入を継続して得たい場合	・事業承継を第三者に行うが、工場の底地や対象会社の知的財産権などを保有する会社を手元に残しておき、将来的に賃料収入や知的財産貸与収入を得る枠組みを作ることが考えられる ・譲渡する会社の譲渡対価が、完全な状態で事業を承継する前に比して低くなる点や、事業悪化にともない期待していた支払を受けられない可能性がある点に留意が必要
④ 第三者	・会社運営および所有権 所有・経営を完全な形で第三者に承継し、手元に現金を残したい場合	・経営を承継する後継者が存在せず、また、承継時（株式譲渡時）の受領対価を最大化したい場合 ・株式の譲受者が経営を担うこととなるため、事前に承継準備期間を取ることは不要であるが、譲受者の要望に基づき、一定期間、顧問などの立場で新体制の経営をサポートすることが必要となる場合がある

①円滑に相続人（親族）に対し承継したい場合

　この場合は「事業＝家業」と捉え、個人で持つ他の財産（上場有価証券や不動産など）と同様に、自らが所有し経営している会社についても包括的に親族などの相続人に承継したいという考えに基づいて事業承継プランを検討することになる。このような事業承継においては、相続人に円滑に経営を引き継ぐための準備が最も重要と考えられ、長期的かつ段階的な承継プランを検討し実行に移すことが求められる。

　また、相続時に複数の親族に株式が分散されることを防止するために、保有株式の相続人への分割生前贈与や持株会社の設立と株式の移転を顧問税理士などと協議し計画的に進めることも必要となる。

②所有権は自らが継続保有しつつ、経営は第三者に承継したい場合

　自らの相続人（親族等）の中に適切な経営能力および経営意思を持つ者がいな

い場合、「会社＝財産」と捉え、株式所有は継続するものの、長期安定的に事業の継続・成長を実現するためには、所有と経営を分離して経営者を社内外に求めることになる。

　第一選択としては事業内容や社風などを十分に理解している社内の役職員に経営を委託することが望ましいと考えられるものの、そのためにも長期間にわたる経営者訓練を行うことが必要であり、また候補者に経営を行う意思がなければ成立しない。

　社内にこのような候補者が存在しない場合、取引金融機関や顧問税理士、人材紹介会社、その他交流のある経営者ネットワークなどから後継候補者の紹介を受けることが考えられる。この場合もいきなり経営を委任することは現実的ではないため、一定期間の「並走期間」は必要となる。また、自社の社風やビジネスの進め方と候補者のキャラクターが合わないような場合、改めて選定をし直す必要が生まれるため、その候補者選定は慎重に行うことが必要となる。なお、一般的には、このような外部からの経営者の招聘の場合、本人の望む報酬と会社が固定的に支払い可能な報酬額には乖離がある場合が多いため、業績が良い場合には配当報酬が得られるように一定割合の株式を譲渡することが多い。

　事業規模が相応に大きく、業績が良好である場合、外部招聘候補者への経営の委任に併せ、株式上場（IPO）の達成を求めることも事業承継の選択肢として有効となる。これは事業承継にともないプライベートカンパニーからパブリックカンパニーへの移行を果たすもので、このような場合は自らの保有株式の一部現金化と経営者への株式報酬の付与によるキャピタルゲインがインセンティブとなるような報酬設計を行うことで、より幅広く候補者を募ることが可能となる。IPOのためには社内体制の整備などを含めその準備に３〜５年程度の期間が必要となることが一般的であるため、長期的なプランニングが必要であることは他のケースと同様といえる。

　これまでの①〜②のケースは、「誰に」「何を」という点では相違があるものの、すべて「経営の承継において長期的な並走・準備期間を必要とする」点は共通している。実質的に所有権を保持し続けるため、所有権価値（株式の価額）が承継後に低下しないようにすることが必要であり、そのためには時間をかけた後継者の見極めと訓練が不可欠である。

図表2-2：事業承継における「並走」

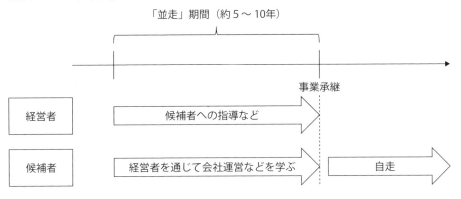

　事業承継、特に「経営を承継」する場合には、引き継ぐ候補者にも経験と準備が必要となるため、拙速な実行は避け、5年～10年単位での準備を前提として円滑な承継を実施することを考える必要がある（**図表2-2参照**）。

　以下、③および④のケースは、所有権そのものを手放す（手元に残さない）ことを前提とした場合となる。

③所有・経営とも第三者に承継しつつ、一定の収入を得たい場合

　第三者に対し完全な形で事業承継を行う場合、承継対価としての現金は手元に残るものの、役員報酬や配当収入はなくなる。自らの相続人などが将来にわたり安定的な収入を継続して得られるようにするために、例えば工場の底地や対象会社の知的財産権（意匠権や特許権など）を保有する会社を分離し、当該保有会社の株式を手元に残しておくことで将来的に賃料収入や知的財産権貸与収入が得られる枠組みを作ることが考えられる（**図表2-3参照**）。

　ただし、この場合は、譲渡する会社の譲渡価額は一部資産などを分割する前に比して低くなることに留意が必要である。したがって、長期的な資金計画や相続計画の中でその判断を行うことが求められる。また、当然のことながら、事業の業績悪化により期待していた支払を受けられなくなる可能性もあることや、一般的に妥当と思われる賃料・使用料の水準を超えて賃貸借契約を締結した場合は税務上の問題が発生する可能性があることも念頭においてプランニングを行う必要

図表2-3：一部資産の分割による継続的な収益確保

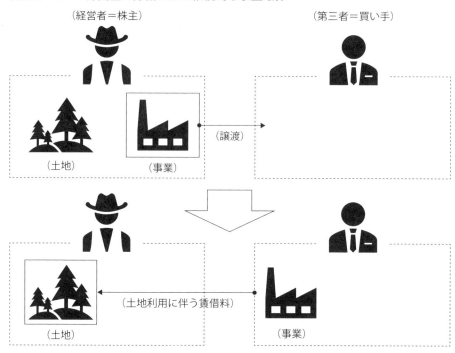

がある。

　なお、例えば社内の役員に所有・経営とも承継させたいと考えていても、当該候補役員に資力がないため株式を譲り受けることが難しいような場合は、不動産や知的財産権などの財産的価値のある資産を事業から分離することで、対象事業の株式価格を意図的に引き下げることにより承継を円滑に行うことも可能になるため、このような会社の分割承継が行われる場合もある。

　専門的論点　会社分割における課税関係

　事業承継の一環として、資産保有会社と事業運営会社を分割し事業運営会社の株式を第三者に譲渡する場合、このような分割行為が組織再編税制上の非適格分割となった場合は、分割した資産などの分割時簿価とその時価との差額に対し課税されることになるため注意が必要となる。

　分割時課税負担が発生しない、いわゆる適格型分割として分割行為を行うためには、分割承継法人（元の法人から資産などを分割して設立された法人）と株主

図表2-4：分社型分割と分割型分割、分割法人と分割承継法人

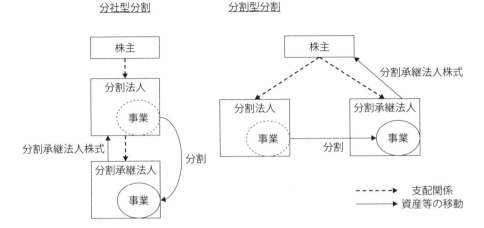

との間に支配関係が継続することが求められる。事業承継においては事業運営会社の株式が第三者に譲渡されるため、事業運営会社を分割法人（資産などを切り出す側の法人）とし、資産保有会社を分割承継法人（資産等を受け入れる側の法人）とする分割行為でなければならず、また分社型分割（分割の対価が分割法人に交付され、分割承継法人が分割法人の子会社となるような会社分割）ではなく、分割型分割（分割の対価が分割法人の株主に交付され、分割法人と分割承継法人が同一の株主の元、いわゆる「兄弟会社」となるような会社分割）とする必要がある（**図表2-4**参照）。

他にも、税制適格再編とするための要件が存在するため、事業承継の準備行為によって不要な課税負担が発生しないよう、公認会計士・税理士などの専門家のアドバイスを踏まえた設計と準備が必要となる。

④所有・経営とも第三者に承継し、手元に現金を残したい場合

経営を承継する後継者が存在せず、また承継時（株式譲渡時）の受領対価を最大化したい場合は、対象となる会社の株式を第三者に譲渡することが選択肢となる。

この場合、株式の譲受者が経営を担うことになるため、事前に承継準備期間を取ることは不要となる（ただし、譲受者の要望に基づき、一定期間、顧問などの立場で新体制の経営をサポートすることが必要となる場合がある）。

このような「事業承継M&A」の実行準備としては、譲渡対価が最大化できるようにするための事前準備としての「磨き上げ」が必要となる（「磨き上げ」については、本節「(4) 事業承継に向けた要解決課題の洗い出しと対策の実行（磨き上げ）」を参照のこと）。

　一般的には、事業承継M&Aの実施については、候補先選定から株式譲渡の実行まで半年〜1年程度の期間で行われることが多いが、事前準備としての「磨き上げ」についてはその課題の大小によって異なるものの、同じく半年〜1年程度の期間が通常必要となる。したがって、M&Aの実施においても、やはりそのための一定期間の準備は必要となる（ただし、経営のみの承継に比してその準備期間は相対的に短くなる）。

　この①〜④のような大方針がある程度固まれば、それに応じてさまざまな準備作業をデザインすることが可能となり、事業承継のスケジュールについても明確化できるようになるものといえる。

(3) 経営状況・経営課題などの把握（見える化）

　事業承継を実施する場合、承継する対象について自らが正確にその状況などを理解していることが必要である。自分の目にはとても魅力的な（＝価値が高い）会社・事業であると見えていても、客観的な尺度で価値を測定した場合、想定以上に価値が低いということも多い（逆のケースもあり得る）。また、経営を第三者に委任する場合は、会社が抱える課題や問題点なども正確に伝えなければ、承継後のトラブルに発展する可能性もある。M&Aによって所有権が第三者に移転する場合、通常はその実行前にデューデリジェンス（詳細調査）手続きが買い手側で行われるが、その際に自らが認識していなかった大きな問題が発覚してプロセスが頓挫してしまうこともある。

　このような状況となり事業承継が円滑に進まなくなる事態を回避するために、自社の経営状況や経営課題を客観的な視点をもって把握しておくことは非常に重要となる。

　また、事業承継において所有権（株式）の移転が行われる場合には、その対価として現金を受領することになる。自らの相続において、事業承継M&Aを実行しない場合は会社株式が相続財産となるのに対し、M&Aを実行した場合は受領

現金が相続財産となる。それにより相続税負担が変わることになる。また、対象となる会社が未上場の法人の場合、その株式は相続財産となっても換価が困難であるため、株式相続人は相続税負担のための資金を別途確保する必要がある。このような「財産の相続」という観点から、対象となる株式の財産的価値についてあらかじめ把握しておくことが相続プランニングでは重要となる。

なお、この経営状況・経営課題の把握や相続の観点からの株式の財産的価値の把握の結果は、本節「(2) 事業承継の「大方針」の決定」で述べた①～④の方針決定に影響を与えることもある。この「見える化」によって、大方針がより確かなものとなることが期待される（**図表２-５**参照）。

中小企業庁「事業承継ガイドライン」では、経営状況・経営課題の把握や相続プランニングのための財産的価値の把握（見える化）について、以下の取り組みの実施が例示されている。

① 経営者所有の不動産で事業に利用しているものの有無、当該不動産に対する会社借入に係る担保設定、経営者と会社間の賃借関係、経営者保証の有

図表２-５：大方針の決定と見える化の相互関係

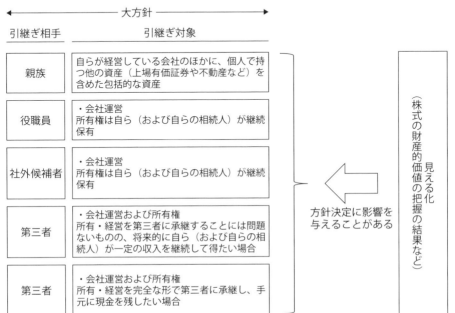

無など、会社と個人の関係の明確化を図る。

② 「中小企業の会計に関する指針」[1]や「中小企業の会計に関する基本要領」[2]などを活用した適正な決算処理が行われているか点検する。

③ 保有する自社株式の数を確認するとともに株価評価[3]を行う。

④ 商品ごとの月次の売上・費用（部門別損益）の分析を通じた自社の稼ぎ頭商品の把握や、製造工程ごとの不良品の発生状況の調査を通じた製造ラインの課題の把握、在庫の売れ筋・不良の把握や鑑定評価を実施し、適切な「磨き上げ」につなげる。

⑤ 「事業価値を高める経営レポート」[4]や「知的資産経営報告書」、「経営デザインシート」[5]などの枠組みや着眼点を活用し、自社の知的資産について、他社ではなく、なぜ自社が選ばれているのかなどという観点から自社の事業価値の源泉について適切に認識する（**図表2-6**、**図表2-7**参照）。

⑥ 「ローカルベンチマーク」[6]を活用して自社の業界内における位置づけなど

---

1 中小企業が、計算書類の作成にあたり拠ることが望ましい会計処理や注記等を示す指針。とりわけ会計参与が取締役と共同して計算書類を作成するにあたって拠ることが適当な会計のあり方を示すものとなっている（企業会計基準委員会（2021年8月改定時点）ホームページ参照（https://www.asb.or.jp/jp/accounting_standards/misc/misc_others/2021-0816.html））。

2 「中小企業の会計に関する指針」に比べ、簡便な会計処理をすることが適当と考えられる中小企業を対象とした要領。次の観点から作成された。「中小企業の経営者が活用しようと思えるよう、理解しやすく、自社の経営状況の把握に役立つ」「中小企業の利害関係者（金融機関、取引先、株主など）への情報提供に資する」「中小企業の実務における会計慣行を十分考慮し、会計と税制の調和を図ったうえで、会社計算規則に準拠した会計」「計算書類等の作成負担は最小限に留め、中小企業に過重な負担を課さない」（中小企業庁ホームページ参照（https://www.chusho.meti.go.jp/zaimu/youryou/））。

3 未上場企業の株価評価については、さまざまな方法が存在する（参考：企業価値評価ガイドライン（https://jicpa.or.jp/specialized_field/publication/files/2-3-32-2a-20130722.pdf））。第三者への譲渡においては、あらかじめどの程度の評価額となるかについて、このような計算方式を活用して算定しておくことが期待ギャップを最小限にできるため望ましいと考えられる。なお、相続における株価評価については、相続税財産評価に関する基本通達（https://www.nta.go.jp/law/tsutatsu/kihon/sisan/hyoka_new/01.htm）を参照のこと。この相続税法上の評価額と実際の売却価額の差額が、M&A実施の有無による相続財産の差額となる。

4 自社の強みである知的資産を「見える化」し、企業の内部・外部における経営活動に活かしていくための視点から、自社らしさや事業価値の源泉について再認識するための様式。活用方法としては、経営者の頭の中にある経営方針や経営戦略、自社の強み・弱みをドキュメント化することで、企業の価値創造のストーリーを明確にすることができる。また、外部コミュニケーションツールとして、各利害関係者への開示により信頼性を高めることにつなげることができる。

5 将来を構想するための思考補助ツール（フレームワーク）。環境変化に耐え抜き持続的成長をするために、自社や事業の存在意義を意識したうえで、「これまで」を把握し、長期的な視点で「これから」の在りたい姿を構想する。そして、今から何をすべきかといった戦略を策定をするための方法の1つとして、「経営デザインシート」の活用が想定されている。

6 企業の経営者と支援機関などが同じ目線で経営に関する対話を行うことができるよう作成されたツール。具体的には、「財務情報（6つの指標）」と「非財務情報（商流・業務フロー、4つの視点など）」に関する情報から構成される。事業承継支援においては、自社の強みと弱みを把握するため、財務情報のみならず、自社の商流・業務の流れなどの定性情報も活用し、自社の「稼ぐ力」の源泉を「見える化」し、事業承継後の成長につなげていくことが重要である。なお、企業または支援機関がローカルベンチマークを利用する場合には、それぞれに対応したガイドブックを活用することが有効である（経済産業省ホームページ（https://www.meti.go.jp/policy/economy/keiei_innovation/sangyokinyu/locaben/）参照）。

図表2-6：事業価値を高める経営レポート

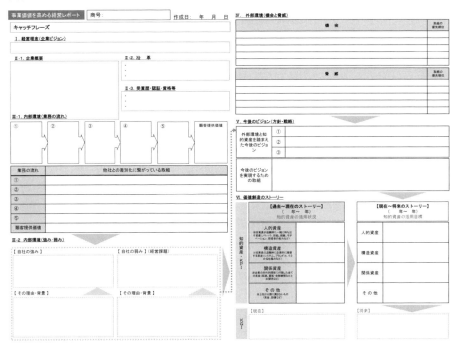

出所：経済産業省ホームページ「知的財産経営ポータル」(https://www.meti.go.jp/policy/intellectual_assets/) 参照。

を客観評価する。なお、人材育成、コスト管理のマネジメントの向上や設備投資など、中小企業の経営力向上を図る「経営力向上計画」や、同計画に基づく支援措置を内容とする「中小企業等経営強化法」の活用も検討すべきである。同計画の策定にあたっての「現状認識」の方法の1つとして、「ローカルベンチマーク」の活用が想定されている。

事業承継ガイドラインにおいては、上記のとおり、会計制度の整備やローカルベンチマークの実施、知的財産報告書の作成などを通じ現状（「これまで」）を把握したうえで、環境変化に耐え抜き持続的成長をするために、自社や事業の存在意義を意識し、「経営デザインシート」の活用などを通じて長期的視点で「これから」の在りたい姿を構想することが「経営課題の見える化」と整理されている。

図表2-7：経営デザインシート

出所：首相官邸　政策会議　知的財産戦略本部ホームページ（https://www.kantei.go.jp/jp/singi/titeki2/keiei_design/index.html）参照。

（4）事業承継に向けた要解決課題の洗い出しと対策の実行（磨き上げ）

円滑な事業承継の実施における大きな障害となっているのが、①承継候補者にとって、対象事業に将来性が感じられないことや、②承継後に顕在化する危険性のあるさまざまなリスクが明確ではないことがある（**図表2-8**参照）。

①対象事業の将来性

本節「（3）経営状況・経営課題などの把握（見える化）」に記載した取り組みを行うことで、自社の強み／弱みを明確化したうえで、具体的に強みを伸ばす取り組みを実施することや弱点の補強に注力することを通じて時間をかけた解決に取り組むことになる。つまり、円滑な事業承継のためには事業を強化する取り組みを承継の取り組みと並行して実施することが求められる。

事業承継ガイドラインでの例示としては、「自社のシェアが高い商品・サービ

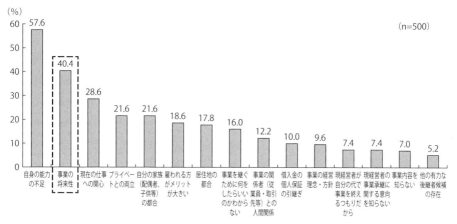

図表2-8：事業を継ぐことに前向きでない理由

資料：三菱UFJリサーチ&コンサルティング（株）「中小企業・小規模事業者における経営者の参入に関する調査」（2018年12月）

(注) 1．複数回答のため、合計は必ずしも100%にはならない。
    2．「その他」の項目は表示していない。

出所：中小企業庁「中小企業白書」（2019年度版、三菱UFJリサーチ＆コンサルティング（株）「中小企業・小規模事業者における経営者の参入に関する調査」（2018年12月））

ス、ニッチ市場における商品・サービスなどの拡充」「技術力を活かした製品の高精度化・短納期化」「人材育成や新規採用などを通じた人的資源の強化」「取引先やマーケットに偏りがみられる場合にはこれを是正し、事業リスクの分散を図る」ことがあげられている。また、現経営者が自分自身の責任としてすべてを抱え込んで行うのではなく、後継候補者と連携して自社事業の競争力強化・魅力向上に取り組むことも、後継者の教育・訓練・動機づけという観点からも有効と考えられる。これは、自らの視点では気づき得なかった新たな取り組みを実践することで企業／事業の新陳代謝を促進することにつながるという効果も期待される。

②承継後に顕在化する危険性のあるさまざまなリスク

特に事業承継M&Aの成否に直結する問題であり、株式の譲渡については、①は究極的に価格の問題に収斂される（魅力の低い事業は価格が低い）のに対し、②はそのリスクを計量化できないため、M&Aの実行そのものができないという事態につながる問題といえる。

M&Aの実行時に問題となる、将来顕在化する可能性がある主なリスクを以下

に例示する。
- ①株式に関するリスク
  - ✓発行されているはずの株券の一部が消失している
  - ✓株主名簿に記載されている株主の一部が死亡もしくは所在不明となっており、現時点での権利者が不明
  - ✓認知症などにより、一部株主において正常な意思決定能力が失われていることが懸念されている
  - ✓個人的な借入などの担保に供されている株式が存在する
- ②偶発債務に関するリスク
  - ✓恒常的に残業が発生している状況であるにもかかわらず、適切な労働時間管理が行われていない（未払残業代の存在）
  - ✓経理体制が脆弱であり、過年度において税務調査での修正申告が頻発している
  - ✓取引先、退職者からの訴訟が発生している
- ③許認可・知的財産権に関するリスク
  - ✓事業上必要な許認可の一部が未取得・更新漏れとなっている
  - ✓ソフトウェアライセンスや他社知的財産権使用などの管理が杜撰であり、無自覚な知的財産権侵害が懸念される状況となっている
- ④利害関係者との取引に関するリスク
  - ✓創業者オーナーもしくはその親族などと会社との間で多くの取引が実施されており、その取引の妥当性を判断する根拠に乏しい状況になっている
  - ✓創業者と会社との間での資金貸借取引が頻発している。また、その際の金銭消費貸借契約が未締結となっている
- ⑤その他管理不備に基づくリスク
  - ✓個人情報保護、秘密情報管理の体制が杜撰
  - ✓内部統制の整備・運用状況に明確な不備がある（経理部長が自らの判断で資金出金処理を行うことが可能となっているなど）
  - ✓ITセキュリティが脆弱であり、外部からの悪意ある攻撃が発生した場合には内部保存データなどが流出する可能性がある
  - ✓固定資産台帳の更新が滞っており、除却済みの資産が台帳に記載されて

図表2-9:主なリスクとその対処

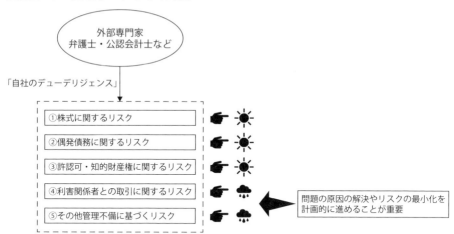

　　　　いる／存在する資産の一部が台帳に記載されていないなどの問題がある

　これらの問題は、経営者自身では気がつきにくい問題であるものの、買い手候補者にとっては「計量化が困難なリスク」であり、事態の深刻度によってはM&Aの検討が中止となることもあり得る問題と考えられる。これらの問題の洗い出しについては、弁護士や会計事務所に「自社のデューデリジェンス」を依頼することが最も有用である。外部専門家による客観的な評価に基づいてこれらのリスクを洗い出したうえで、各リスクについてその原因の解決やリスクの最小化を計画的に進めることが円滑な事業承継の実現にとって重要といえる（**図表2-9参照**）。

(5) 業績が悪化した企業の事業承継

　見える化、それに基づく改善策の実行を実施したとしても、過大債務などによって事業の長期的継続が困難と考えられるような場合は、「事業再生を前提とした事業承継」も選択肢となる。取引金融機関の支援による金融債務の返済条件緩和（リスケジュール）によって状況が改善されることもあるが、それによって成長路線への回帰が困難な場合、債務の圧縮によって状況を改善することが必要となる。

具体的には、①主に金融債務元本の放棄もしくは劣後化・資本化（DDS・DES）を私的整理の枠組みで実施する方法と、②法的整理（民事再生手続・会社更生手続）により裁判所の関与の元で金融債務・商債務等を公平な手続きによって返済可能な額まで圧縮することについて債権者合意を得る方法がある。

　法的整理の場合は取引先に対し負担をかけることから事業基盤の棄損につながることが懸念されるうえ、法的整理はその実施が公示されるため、信用の毀損を招く恐れがある反面、公権力（裁判所）の関与により公平かつ迅速に手続きが進められる。特にM&Aの実施という観点からは買い手は法的整理によってさまざまなリスクが切断された会社を取得することができるため「買いやすい」状況となるうえ、買収後は対象会社は買い手による信用補完が期待されるため、法的整理とM&Aがパッケージとなって実行されることが多い。

　私的整理については、①特定調停、②中小企業活性化協議会の関与による調整、③「中小企業の事業再生等に関するガイドライン」（全国銀行協会ホームページ参照（https://www.zenginkyo.or.jp/news/2022/n030401/））に基づく、独立・公平な立場の専門家（第三者支援専門家）が事業再生計画案の調査報告書の作成などを行い私的整理プロセスを支援するもの、④事業再生ADR制度（経済産業大臣の認定を受けた公正・中立な第三者が関与することにより、過大な債務を負った事業者が法的整理手続きによらずに債務者の協力を得ながら事業再生を図ろうとする取り組みを円滑化する制度（経済産業省ホームページ参照（https://www.meti.go.jp/policy/jigyou_saisei/kyousouryoku_kyouka/adr.html））がある。

　いずれの方法を取る場合であっても、適切な債務整理手続きを選択し、円滑に手続きを実行するため、早めに弁護士などの専門家や金融機関などに相談することが事業承継ガイドラインにおいても推奨されている。

　なお、事業再生にともない、経営者保証に係る保証債務の整理が問題となることもあるが、「経営者保証に関するガイドライン」[7]の活用により、保証債務の履行時に返済しきれない債務残額の免除が可能となることもあるため、この点も含めて相談することが望ましい。

---

[7]　金融債務における個人保証に関する「中小企業、経営者、金融機関共通の自主的なルール」と位置づけられており、法的な拘束力はないが、関係者が自発的に尊重し、遵守することが期待されているガイドライン。多額の個人保証を行っている場合でも、早期に事業再生や廃業を決断した際に一定の生活費などを残すことや「華美ではない」自宅の居住を継続することを検討することや、保証債務の履行時に返済しきれない債務残額は原則として免除することなどが定められている（全国銀行協会ホームページ参照（https://www.zenginkyo.or.jp/adr/sme/guideline/））。

2 事業承継を成功させるためのプランニング（事業承継計画）

将来の事業承継のための事前準備（方針の明確化→見える化→磨き上げ）を進めていく中で、並行して、承継行為をどのタイミングでどのように実施するかに関してプランニングを実施しておくことは、円滑な承継実行のために有益である。事前準備、特に「見える化→磨き上げ」は承継する「対象」となる事業法人の中身の充実であり、「誰に」「どのように」その対象を承継するかを検討することが承継プランニングであるといえる（図表2-10参照）。

このプランニング（事業承継計画）は、承継対象を対象法人の「経営」と考えるのか「所有」もセットで考えるのかでその内容は大きく分かれる。また、「所有」の承継であっても、現状の対象法人株式をそのまま譲渡する場合と、一部不動産などの資産を分割し、その後事業運営法人の株式を譲渡する場合がある。加えて、「所有」の承継においては、親族や役職員に対して段階的・長期的に承継することも可能である。

以下、さまざまな承継のパターンに基づくプランニングの例を解説する。

図表2-10：事業承継における事前準備とプランニング

事前準備	プランニング
「見える化→磨き上げ」	「誰に」「どのように」

| 「対象」となる事業法人の中身の充実 | 承継対象を対象法人の「経営」と考えるのか「所有」もセットでと考えるのか |

(1)「経営」の承継

所有権は移転せず、経営のみを役職員や第三者（外部招聘経営者）に委任するような場合、①その承継行為が会社の価値・業績を毀損しないようにすること、②承継対象者が十分な納得感と経営を行う意思を持てるようにすること、③経営を委ねるための枠組みを明確に構築すること、の3点が重要となる。

①承継行為が会社の価値・業績を毀損しないようにする

経営者が交代するということは、取引先などの社外の関係者および従業員（社内の関係者）に対して大きな影響を与える行為であるといえる。特に中小規模で事業を行っている会社の場合、創業経営者のリーダーシップ・アントレプレナーシップがその会社の社風を形成する核となっている場合が多く、従業員も「この会社で働いている」という意識以上に「この人（経営者）の下で働いている」という意識が強いという状況も多くみられる。

また、子息などの創業者の親族に承継する場合と、社内の役職員に承継する場合、そして外部から経営者を招聘する場合のそれぞれの場合で、問題となるポイントが異なっていることが多い。

創業者の親族に承継する場合の留意点

創業者の親族（主に子息）が承継する場合、非上場の中堅・中小企業の場合は社内外においてこのような親族内承継を「自然なこと」と受け止められることが多い（日本の場合、事業が家業として捉えられることが多いため）。しかしながら、創業者の親族であるからといって創業者の経営能力を引き継いでいるとは限らない。そのため、親族内承継であってもいきなり経営を引き継ぐのではなく、段階を経てその後継者の能力を見極め（もしくは育て）、その対象者が後継者としてふさわしいと社内外で納得感をもって迎えられる状況を作る必要がある。

理想的には、外部の企業で10～20年程度勤務し、一般的な社会人経験を十分積んだうえで、自社に管理職層として入社させ、その後段階的に10年程度の期間をかけて取締役→役付取締役などの上位階層に引き上げながら、後継者として徐々に社内外での認知を高めていくことが望ましい。そして、その過程において、後継者としてふさわしくない（会社の価値を棄損する・従業員が離反するなど）と判断された場合は、果断に退任させることも必要となる。事業承継の失敗により会社の業績が悪化することは、働く多くの従業員や取引先の役職員の生活や人生にも大きな影響を与えるためである。

社内の役職員に承継する場合の留意点

親族に後継者としてふさわしい人材がいない場合、長年自社で勤務し創業者の右腕として会社を引っ張ってきた番頭的な役職員がその後継候補者となる。

この場合でも、通常は社内外の信用がそれまでの執務経験の中で積み上げられており、親族が後継者として存在しない場合はその承継は自然なことと受け入れ

られることが多い。

　しかしながら、後継者として選定するにあたっては、その能力を正確に見極める必要がある。実務遂行能力と経営能力は異なるものであり、与えられた経営資源（資金・人的リソース・技術・ノウハウなど）を最大限活用することが実務遂行能力であり、経営資源の獲得と長期的視野に立ったその最適配分を行うことが経営者の役割であるため、「自分の部下として有能」であることがそのまま経営者として有能であることにはつながらないからである。

　したがって、社内役職員への承継においては、①複数名の候補者を選定する、②当該候補者に経営の一部領域を委託し、実績を見極める、③絞り込みを行い、最終候補者を上級役付取締役（副社長、専務取締役など）として、自らの権限を段階的に移譲するといったステップを踏むことが求められる。

外部から経営者を招聘する場合の留意点

　経営という行為は１つの専門的職能であり、実務能力の高さがそのまま経営能力の高さにつながるものではない。したがって、複数の事業・多くの従業員を抱える大企業と異なり、非上場の中堅・中小企業の場合、経営能力を持つ人材を社内で育てること自体がかなり困難なことともいえる。そのような状況で、他社での経営経験者などを招聘し、自社の経営を任せるということも近年増加してきている。

　このような場合でも、いきなり社長を引き継ぐようなことはせず、経営企画や管理といった領域での責任者として自社業務をスタートさせ、全社業務の理解を進めさせるとともに、その人物の持つ能力や人間性が自社業務にフィットするかどうかを慎重に見極める必要がある。他社においてよい経営成績を上げたからといって、そのまま自社の社長として適しているかというのは別問題であり、その候補者が柔軟性を持ち自社の特性を理解し、従業員のモチベーションを低下させないように配慮して経営業務を遂行できるか否かを確認しなければならない。少なくとも、３年〜５年程度の期間は「経営者としての試用期間」と捉え、自らの管理監督下で業務評価を行うことが妥当と考えられる。

②承継対象者が十分な納得感と経営を行う意思を持てるようにする

　経営の承継は、「譲る」行為であるとともに「受け継ぐ」行為でもある。承継対象者にその「受け継ぐ」自覚と意思がなければ、安易で拙速な経営判断によっ

て会社の価値を棄損することになる危険性が高まる。

　経営を引き継ぐということは、承継後に会社の社長として経営判断を行うということのみならず、これまでに築かれた会社の信用や社風、従業員やその家族の生活、取引先に対する責任などのすべてを包括的に引き継ぐということになる。また、会社の所有者（支配株主）は従来どおり創業家である場合、会社の業績悪化はその創業家の財産価値（株式価値）を棄損することにもつながる。

　「経営を引き継ぐということは、これまでの業務の延長線上ではなく、会社を取り巻くすべての責任を引き継ぎ、適切に権限を行使するということである」ということは、引継ぎ実行までの複数年の移行期間において繰り返しその後継候補者に伝える必要がある。

　また、その背負う責任に見合う処遇を約束することが必要となる。具体的には、報酬について、業績に応じた明確なインセンティブ報酬の設計を行うことや、一部株式の譲渡によって配当受領権を与えることなどが考えられる。

③経営を委ねるための枠組みを明確に構築する

　経営を引き継ぐ場合、その後継者の行為に都度口出しをするような状況であっては意味がなく、それは後継者のモチベーションダウンにもつながるとともに、それを見ている従業員や取引先関係者も「実質的な経営者は創業者のままである」と理解し、後継経営者の言うことに従わなくなるという事態を引き起こすことになる。

　「所有」を承継せず、「経営」のみを承継する場合の一番の課題は、この「経営」を明確なルールに基づいて委任するということの難しさであるといえる。特に創業経営者は、ほぼすべての場合において、後継者に対し「物足りなさ」を感じるものであり、微に入り細にわたり口を出す、ということになりがちである。これは実質的には承継の失敗といわざるを得ない。口を出し教育するのは、経営を引き継ぐまでの移行期間で行うべきであり、経営を引き継いだ後は忍耐力をもって見守ることが重要となる。

　具体的には、経営の委任において、①後継経営者（取締役会）が決定できる事項と創業家株主（支配株主）の承諾を得る必要がある事項（M&Aの実行や会社の廃業、リストラの実施など）を明確化し文書化すること、②経営の委任についてその解消事由を可能な限り明確化しておくこと（例：3期連続の最終赤字、利

益相反行為などの背任行為の実施、不法行為や社会的に容認されない行為（従業員に対するハラスメントなど）が露見した場合など）、③次代の経営者育成を行うことを重要な経営行為として合意すること、などが有効な枠組みの例としてあげられる。また、監査役機能を強化し、経営のチェックが適宜適切に実施されるようにすることも有効な手段である。

(2)「所有」の承継①：一部資産などを分割し、事業運営法人を承継する

　「経営」に加え、会社の「所有」（株式）を承継するに際し、創業家において将来的に一定の収入を確保することなどを目的として、土地建物といった不動産や特許権・意匠権などの知的財産権を保有する会社を分離し、事業運営法人の株式を譲渡するような場合がある。これは、譲り渡し側の事情のみならず、当該行為を行うことで事業運営法人の株式評価額を引き下げることが可能となるため、円滑な事業承継の実行のために実施されるケースもある。

　この場合は、スムーズな株式譲渡を実施するためにも、あらかじめ法人の分割行為もしくは資産などの譲渡行為は実行しておくことが望ましい。

　この場合、会社分割によって法人を「資産保有会社」と「事業運営会社」に区分し、両社間で資産などの賃貸借契約を締結しておくことや、創業者と会社間で不動産などの売買を行い所有権を会社から移転させることが考えられる（事業承継における会社分割については、本章1節（2）③「所有・経営とも第三者に承継しつつ、一定の収入を得たい場合」参照）。

　このような資産などの分割を行った後、事業運営法人については「所有」の移転（株式の譲渡）を行うため、前述の「見える化」→「磨き上げ」を段階的に実施する必要がある。そのうえで、後述する「第三者への株式譲渡」や「段階的承継」の手続きを実施することとなる。

(3)「所有」の承継②：現状での外部第三者への株式譲渡

　これは、いわゆる事業承継M&Aとなる。準備行為である「見える化」→「磨き上げ」（特にさまざまなリスク要因の解消）を行うことを前提として、それに加え以下の準備を行っておく必要がある。

①買い手となる相手企業などについての希望条件の検討

第三者に対し会社のすべてを引き渡すこととなるため、「どのような会社に引き継いでもらうか」という点についてはあらかじめ明確に方針を決めておくことが必要となる。

例えば、これまで競合していた近隣の同業他社や投資ファンドなどで将来的に再売却が想定される買い手などは避けるといったことや、経営基盤の安定化のために可能な限り上場企業（もしくはそれに類する規模・信用力を有する企業）への譲渡を目指すなど、回避すべき／希望すべき相手候補先についてあらかじめ検討しておくことがスムーズなM&Aの実行につながることとなる。

②買い手となる相手企業などに対するM&A後の要望事項の検討

M&A実行後、会社の所有権は買い手側に移転するため、買収後どのようにされてもそれに口出しをすることは難しい。

したがって、通常、「買収後に守ってほしい事項」についてはあらかじめ買い手候補企業に伝え、それに合意することを条件として株式譲渡を進める、ということが必要となる。例えば、社名・所在地・従業員雇用については現状を継続することなどを要請することが考えられる。

なお、要望事項は売り手側が任意に設定できるものの、その条件によっては売却価格が下がる可能性がある（例えば、現在の仕入先については原則として継続することを要請する際、仕入先変更によるコスト削減を買い手側が企図していた場合には、その効果が実現できないことから買収対象企業の評価を下げられる）ことには留意が必要となる。

③想定売却価格の検討

株式の譲渡にあたっては、その譲渡によって得られる対価がその後の生活資金や親族への相続・贈与資金となることが想定される。一般的に、譲渡によって自らも経営者の地位から退くことになるため、経営者としての報酬や株式配当など、継続的に得られていた収入が途絶する。それを踏まえ、「少なくともどの程度の価格で売却することが必要か」という最低売却価格の水準はあらかじめ想定しておくことが必要となる。

M&Aにおける譲渡価格は、さまざまな計算方法に基づいて算定された額に基

づき双方の交渉によって決定される。しかしながら、自らが希望する最低売却価格を下回る売却を実行してしまうとその後の生活面で支障が出る可能性があることから、「最低売却価格以下であれば現段階での売却は行わない」という方針を決定し、実際にそのような状況が現出した場合、M&Aプロセスを中止し、その後企業価値向上の取り組みを実施したうえで改めてM&Aを行うか、「経営」のみの承継とするか、将来における収入を確保するために一部不動産などの資産を分離保有するか、などを検討することが考えられる。

④退任にともなう役員退職慰労金の処理

創業社長がM&Aの結果退任するような場合、長期間の在職年数から役員退職慰労金が相当大きな金額になることが多い。一般的には、以下のような功績倍率法に基づく金額の算定が行われることが多い。

役員退職慰労金＝最終報酬月額×役員在任年数×功績倍率

功績倍率は、役員の会社に対する貢献度などを反映した倍率であり、創業社長の場合3倍程度が妥当な水準とされている。最終報酬月額100万円、役員在任年数30年、功績倍率3倍とした場合、算定される役員退職慰労金は9,000万円となる。

外部積立などで当該退職慰労金相当額が確保されているケースや、手元の余剰資金（運転資金としては必要のない資金）として必要額が存在するケースは稀であり、役員退職慰労金の支払いをどのようにするかがM&Aにおいて買い手側と交渉になることも多い。

通常、役員退職慰労金を支払った場合は、それに見合う株式価値の低下が生じることとなる。売り手側としては、株式譲渡にともなう譲渡益課税と退職金課税を比較し、より合理的な選択を行うことが望ましい。

⑤売却後の自らの処遇・立場などの確認

M&A実施のタイミングで新体制の構築すべてが買い手主導で行われることは現実的ではなく、第三者に対する一括でのM&Aであったとしても、経営の承継プロセスに一定程度の期間を必要とすることが一般的である。多く見られるケー

スとして、売り手である創業者社長に顧問や相談役といった肩書で一定期間（半年～1年間程度）、新体制での経営をサポートしてもらうことがある。

売り手である創業者側としても、売却後も取引先などとの関係を円満な形で継続することや従業員が不満なく働ける環境であることを望む中で、このような移行期間での支援は積極的に行うことが多いが、この場合も期間やその期間内の報酬額、業務範囲などについて明確に定めることが肝要である。M&Aにおいては株式譲渡の契約や手続き、それに関する交渉などに忙殺され、このような個人的な問題は口約束で行われることも多いが、後々のトラブルを回避するためには、このような個人の処遇問題についても契約文書を作成することが望ましい。

⑥信頼できるアドバイザーの選定

これまでに記載した事項の準備に加え、実際のM&Aプロセスにおいては一般的に以下のような手続きを進める必要がある。

　　①買い手候補先の探索と選定
　　②買い手候補先に対する初期的開示資料の提供
　　③買い手候補先からの買収意向表明の受領と検討
　　④買収に係る基本合意の締結
　　⑤デューデリジェンス（詳細調査）手続きの受入と資料開示
　　⑥最終的な買収条件の受領と検討、諸条件の交渉
　　⑦株式譲渡契約の締結
　　⑧株式譲渡手続の実行

ほとんどの創業経営者にとって、M&Aの実施経験は豊富ではなく、ましてや自らが創業し経営してきた会社を売却するという行為については、その経験はない場合が圧倒的に多い。したがって、円滑な事業承継M&Aの実行においては、信頼できる法務アドバイザー・財務アドバイザーとチームを組成することが欠かせない。アドバイザーのこれまでのM&A経験と知識を活用し、疎漏ない準備を行うことが事業承継M&Aにおいては不可欠であり、信頼できるアドバイザーの選定がM&Aの成否を左右するといえる（事業承継M&Aの詳細なプロセスおよびアドバイザーの活用方法等については、「事業承継のためのM&Aの進め方（下）―事業承継M&Aの実行」を参照のこと）。

(4)「所有」の段階的承継（役職員への譲渡）

　外部第三者への株式譲渡ではなく、役職員への譲渡の場合、その買い手たる役職員の資力の問題がある。役職員はそれまで給与所得者であり、株式を取得するだけの資金が手元にない場合がほとんどといえる。この資金問題がハードルとなり、役職員への承継が円滑に進まない場合も多い。

　このような場合、前述のとおり一部資産を切り離し（分社し）事業運営会社の株価を引き下げたうえで譲渡を行うことも考えられるが、その他、「経営」の承継を先行させ、以下のような方法で「所有」（株式）の承継を進めていくことが多い。

①会社から後継者に貸付を行い、当該貸付金で株式譲渡対価を支払う

　株式取得対価相当を会社から後継者が借り入れ、当該借入金を原資として売り手たる創業者などに対し株式譲渡対価を支払う。この場合、会社と経営者間の利益相反となるリスクを回避するために、金銭消費貸借契約の締結と一般的に妥当と考えられる利払い・返済条件の設定が必要となる。また、借入金が役員報酬として認定される税務上のリスクがあることは留意が必要である。類似のケースとして、後継者が金融機関などから融資を受け、当該融資に対し会社が連帯保証を行うということもあるが、この場合も合理的な水準での保証料が後継者から会社に対し支払われることが必要となる。

②役員報酬の一部を株式取得対価として段階的に支払う

　経営者としての役員報酬のうち一定額を売り手たる創業者などに支払い、段階的に株式譲渡を受けるもの。これについては、株式を一括して取得し、その取得対価を段階的に分割して支払う場合と、支払う都度それに見合う株式譲渡が行われる場合がある。売り手側としては、対価の受領と経営権の引き渡しはセットで（段階的に）行われることが望ましいと考えられるが、その場合、会社の業績に応じ譲渡対価は変動させる必要があり、買い手側からすれば自らが頑張って業績を向上させたことによって自らが買い取る株式の価格が上昇するというジレンマを抱えることになる。

③創業者保有株式の種類株式転換を進め、会社が償還する

例えば、1,000株の発行済み株式のうち10％分の100株を後継者に有償譲渡し、残る900株を段階的に種類株の一種である無議決権の取得請求権付き株式に転換し、会社が当該株式を買い取ることで、段階的に後継者の保有する株式の議決権割合が高まり、売り手は実質的にはその対価を会社から受け取るという手段となる。

この場合、買い手は少額の支払いで最終的には100％の議決権を取得すること

Column

社長とアドバイザー／コンサルタントの健全でない関係性

　社長業というのは孤独なものだとよくいわれる。周囲や従業員からは「社長として支えられているのに何が孤独だ」と思われるかもしれないが、社長は従業員や取引先に対して「これからどうしようか？」や「これから何をすればよいと思う？」などと聞くわけにはいかない。社長が判断を誤ると多くの従業員が路頭に迷うことになりかねず、周りから見れば気楽に決めているように見えても、多くの場合社長はかなり悩んでその結論を出していることが多い。

　とはいえ、社長は万能ではないし時間も有限である。日々変化する状況に対応してさまざまな検討を行い、適切なタイミングで意思決定して従業員に伝え、事業を進めるということを繰り返すことには限界があるし、判断にあたってさまざまな専門的知識を必要とするような局面にぶつかることもある（M&Aや事業承継はその典型例といえる）。

　このような場合、社長が顧問弁護士や税理士、その他事業のコンサルタントや財務アドバイザーなどに助言を求めることは有益と考えられる。これら外部の専門家は、豊富な経験と専門的知識を踏まえ、客観的な視点から社長のお困りごとに対し有益なアドバイスや実行支援を行うことで社長の負担を軽減することに役立つ。

が可能となる反面、会社の取得価格とその純資産額によっては売り手側に多額のみなし配当課税[8]が課される可能性があることから、このような手段の選択については事前に課税リスクについて顧問税理士などに確認することが不可欠である。

---

8 みなし配当とは、通常の株式配当には該当しないものの、実質的に剰余金を用いた配当と同様にみなされる行為の実施については、これを配当とみなすという税法上の規定に基づく概念。自己株買いの場合、「交付金銭等の額」－「資本の払戻等により取得した金銭等の合計額」として算定され、当該額は配当所得として所得税における総合課税の対象となる（株式の第三者への譲渡の場合は申告分離課税）。

　とはいえ、これら外部専門家に頼るあまり、「依存」してしまうのは全く健全ではない。顧問のセンセイをあたかも教祖であるかのようにあがめたり、日常の些細なことまで外部のコンサルタントにお伺いを立てたりするという状況になってしまっている社長は実は少なくない数存在する。また、それを助長するのが、本来経営者を横から／下からサポートすることが役割のはずの外部専門家であるにもかかわらず、上から目線で「指示」を与えるように助言するようになってしまった偉い（？）センセイたちである。このように、「外部専門家のいうことに盲目的に従う」というのは、いわば経営の放棄であって、実質的に社長業をその専門家に譲っていることに他ならない。確かにそれで気持ちは楽になるかもしれないが、そんな責任放棄した経営者に率いられる従業員は不幸である。

　専門的助言は外部専門家から受けるが、最終的な判断は社長自らが行い、その責任を負うというのが健全な経営者と外部専門家の関係であり、有益な専門家を常に取捨選択することがより良い結果につながる方策といえる。結局、社長は「最後の判断者」という孤独から逃れることはできず、またそれが経営者としての面白さであると思えることが社長の資質の1つともいえるのではないだろうか。

④投資ファンド・金融機関などからの投融資受け入れによるMBOの実施

　近年、一定の規模を有する中小企業の事業承継において、後継者の能力や事業の将来性を見込んで、投資ファンドやベンチャーキャピタルなどからの投資ならびに金融機関などからの融資を活用して以下のスキームによるMBO（Management Buy-Out：役員による株式取得）が実行されるケースが増加している。

　①後継者が、対象となる株式を取得するための特別目的会社（SPC）を設立し、SPCに自らおよび投資ファンドなどが出資
　②SPCにおいて、株式取得に必要な不足資金を金融機関などから借り入れ
　③SPCが売り手たる創業者等から株式を取得し、いったん対象会社をSPCの子会社化する
　④１）SPCと対象会社を合併し、SPCの債務を対象会社の債務と一体化し元利払いを進める、もしくは２）対象会社からの配当をSPCで受領し、当該資金を原資として借入金に対する元利払いを行う（通常、１）が一般的）
　⑤将来的に、投資ファンドなどが出資した額については、会社による自己株買いもしくは後継者による買取りで処理される

　この場合、買い手は比較的少額の資金負担で株式を取得することが可能であるが、①実行後、会社のキャッシュフローを原資として返済を行わなければならない金融債務が大幅に増加し、会社の財務状況を圧迫することが懸念されること。それにより必要な投資などを抑制せざるを得ない状況となる可能性があること、②一定期間投資ファンドが経営に関与するため、自らの経営の自由度は大きく制限され、かつ、会社による買取などが円滑に実施できない状況となる場合は第三者に対し対象会社株式を売却されてしまう可能性があること、といったリスクを十分認識し、慎重に判断して実行可否を決定することが必要といえる。

第 3 章

事業承継におけるさまざまな方策──親族内承継・社内承継を中心に──

> 本章で学べること
>
> 事業承継は、会社の状況や株主の状況、創業者の相続対策の必要性などに応じてさまざまなケースを想定する必要がある。「このやり方ですべて大丈夫」ということはなく、さまざまな制度や仕組みを活用し、いわば「オーダーメイドの対策」を立てることが求められる。本章では、実際に事業承継において活用されるさまざまな手法・制度について概括的に解説する。

1 親族内承継・社内承継におけるさまざまな手法の活用

　親族内承継においては、事業承継と相続問題が不可分であるといえる。そのため、「相続において問題が発生するような（相続税額の増加など）事業承継プラン」は実行が難しい。したがって、相続上のさまざまな課題を解決する方向で事業承継を円滑化させる方策の採用を検討することが必要となる。
　また、社内承継においては、株式買取原資準備の問題と、一定期間経営の監視を行う必要性があることが多いことから、株価の引き下げやかかる経営監視目的のための手段を講じる必要性が高い。

（1）従業員持株会の組成と活用

　親族内承継においては、株式を「売却」するという事態はあまり想定されず、基本的には相続もしくは贈与という手続きの中で後継者たる親族に株式が移転することになる。このような場合、合理的に相続財産たる会社株式の価値を引き下げることが可能であれば、相続もしくは贈与時の課税負担も減少することになる。また、社内承継においても、合理的に株価が下がることで承継がスムーズに進む可能性が高まる。
　このようなニーズに対し、従業員持株会の組成と当該持株会への株式の譲渡は有効な解決策となり得ると考えられる。従業員持株会は、一般的には民法上の組合として組成され、会社の従業員の中から会員が募集され、会社が拠出金を集め、会員である従業員が当該会社の株式を継続的に保有する制度のことをいう。従業員への奨励金の支給などによる福利厚生の充実といった面や、株式を従業員が保有することによる経営参加意識の醸成・モチベーションアップ効果が期待できる制度である。
　このような従業員持株会の組成は、以下の点から親族内事業承継の実施という観点からも有益であるといえる。

①保有株式の評価額を引き下げる

　通常、創業者の保有株式は相続・贈与において同族株主として会社規模により自社株を類似業種比準価額方式、もしくは純資産価額方式で評価される。業績が

図表3-1:従業員持株会への株式譲渡による相続・贈与対象財産額の減少

株式評価方式(相続・贈与)	保有者	評価結果
類似業種比準価額方式	創業者などの同族株主	株式の評価額が高くなり課税負担も相応に重くなることが一般的(特に、業績が良く、社歴が長く純資産が厚い会社の場合)
純資産価額方式		
配当還元方式(特例)	従業員持株会	株式の評価額を引き下げることが可能

良く、社歴が長く純資産が厚い会社の株式は評価額が高くなり課税負担も相応に重くなることが一般的である。

しかしながら、従業員持株会の譲渡においては、特例評価方式である配当還元方式で算定された株価での譲渡が可能であることから、持株会に対し譲渡することにより相続・贈与対象財産額を減少させることができる(**図表3-1参照**)。

②株式散逸防止による安定株主対策

相続人が複数存在する場合、状況によっては会社株式が分割相続される可能性がある。持株会への譲渡によって一部資金化し対象となる株式数ならびにその総額を減少させることによって、経営を承継する後継者に対し株式を一括して相続することがより容易になる可能性がある。また、過去に分割相続された株式が存在する場合、その一部分割相続された株式について保有者が現金化を求めた場合、未上場の株式であるため市場での売却ができず、また自己株買いを実施する場合はみなし配当課税による税負担が重いといった問題があり、結局は後継者が買い取る必要があった。これに対し、従業員持株会が存在する場合、当該持株会において親族保有株式を取得することも可能となり、分散株式の集約に資するという効果も期待できる。

(2) 種類株式の活用

種類株式は、会社法第108条に定められた、定款によってその種類ごとに異なる内容を定めた株式をいう。同条には以下9種類の異なる内容の種類株式が発行

できる旨が規定されている（以下、各種類株式の例示は「事業承継ガイドライン」の記載内容に基づく）。

①剰余金の配当：普通株式よりも優先して一定の剰余金の配当を受けることができる優先株式、劣後する劣後株式など

②残余財産の分配：会社が破産または清算したときの残余財産について、普通株式よりも優先して分配を受けることができる優先株式、劣後する劣後株式など

③株主総会における議決権行使の制限：議決権を全く持たない無議決権株式や取締役の選任についてのみ議決権を有する株式など

④株式譲渡の制限：株式の譲渡について会社の承認を必要とする譲渡制限種類株式

⑤株主から会社への取得請求権：株主が会社に対し、当該株主の保有する株式の買取を請求することができる取得請求権付種類株式

⑥会社による取得条項：株主が保有する種類株式について、一定の事由が生じたことを条件として、会社が強制的に当該株式を買い取ることができる取得条項付種類株式

⑦全部取得条項：株主総会特別決議により、強制的に当該種類の株式全部を会社が取得できる全部取得条項付種類株式

⑧決議に対する拒否権：株主総会や取締役会の決議事項について、当該種類の種類株主総会における承認決議を必要とする拒否権付種類株式など

⑨取締役・監査役などの選任権：種類株主総会において取締役、監査役などを選解任することができる選解任権付種類株式など

このような種類株式の活用によって、例えば以下のような事業承継対策への活用が可能と考えられる。

①従業員持株会に株式を譲渡する場合に、当該譲渡株式について無議決権・配当優先株式とすることにより、議決権の不統一行使にともなうリスクを回避でき、また、従業員の財産形成に資する形を作ることができる

②株式が分割相続（親族内承継）される場合、後継者となる株主は普通株式を、他の相続株主は無議決権・配当優先株式を相続させることにより経営の不安定化を回避することができる

③「株主の死亡」を会社の取得条件とする種類株式とすることにより、相続

時の株式の散逸を防ぐことができる
④後継者に対し、株式の過半を贈与した後も、取締役選解任や組織再編の実施などの重要な意思決定事項について拒否権を持つ種類株式を創業者が保有し経営を監視する。また、当該株式は創業者が死亡した際に会社が取得する条項を設定することで円滑な承継が可能となる

なお、種類株式とは異なるが、株式の非公開会社においては、定款に定めることにより、一定の事項（配当・残余財産分配・議決権）について株主ごとに異なる取り扱いをすることが可能である（会社法第109条２項：いわゆる属人的株式の定め）。当該属人的株式の定めを活用し、例えば、ある特定の株主に対し、その保有する株式の議決権を他の株式の100倍とするなどの取り扱いが可能となる。これも、相続において複数株主に対して株式が分散相続を余儀なくされるような場合に、経営者となる後継者が保有する株式の議決権を増し、実質的に過半数超の議決権を保持するように設計することも可能となる。

（3）親族内承継における信託の活用（事業承継信託）

事業承継信託とは、保有する自社株式を信託し、条件を設定することなどにより円滑に後継者に対し経営権の承継を行うための信託制度の活用をいう。
主な活用法として以下の信託が例示される（「一般社団法人　信託協会」の例示内容に基づく）。

①他益信託

後継者を受益者として定め、委託者である現経営者は引き続き経営権を維持しつつ、配当などを受益者である後継者に取得させる信託。信託終了時に後継者が自社株式の交付を受ける旨を定めておくことで、後継者を明確化できる。

②遺言代用信託

現経営者を信託の委託者兼受益者とし、相続発生時に後継者が受益権を取得するもの。
あらかじめ、現経営者の相続発生時に後継者が受益権を取得する旨を定めることにより、後継者を明確化でき、後継者は現経営者の相続開始と同時に受益者と

図表3-2：遺言代行信託の仕組み

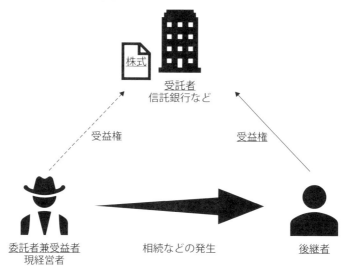

なることから円滑な事業承継が可能となる。また、受託者（信託銀行など）による株式の管理を通じて、現経営者に法的判断能力の減退が生じたとしても第三者に対し不用意に株式を処分してしまうリスクを防止することができる（**図表3-2参照**）。

③帰属権利者型信託

現経営者（委託者兼受益者）が、委託者死亡を終了事由とする自社株式の信託を設定し、後継者を帰属権利者とすることで、現経営者の死亡時に後継者が自社株式を取得するよう設計した信託。

あらかじめ、現経営者の相続発生時に信託を終了し、後継者に信託財産である自社株式を交付する旨を定めることで、後継者を明確化でき、また相続発生後も円滑な事業承継が可能となる。

④受益者連続信託

現経営者（委託者兼受益者）が自社株式を信託し、後継者を受益者と定めつつ、その後継者が死亡したときには、さらに次の後継者が新たな受益者として新たに

図表3-3：受益者連続型信託の仕組み

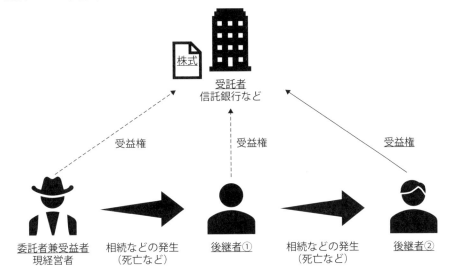

受益権を取得する旨を定めるもの。これにより、現経営者は後継者の次の後継者まで定めることが可能となり、遺言では果たすことができない柔軟な事業承継を実現することが可能となる（**図表3-3**参照）。

（4）親族内承継における生命保険の活用
①納税資金・株式買取資金としての生命保険の活用
　現経営者の死亡時に支払われる死亡保険金について後継者を受取人として指定することにより、当該死亡保険金は遺産分割の対象とならず確実に後継者が受け取れるため、当該資金を相続税納税資金や他の相続人などのほか、株主からの株式取得資金に充当することが可能となる。

②退職金原資・生活資金としての生命保険の活用
　年金型の生命保険を活用することで、一定年齢以降の生活費の一部を受領保険金で賄う事が可能となる。また、終身保険に会社で加入し退職時に解約返戻金を受領することで退職慰労金支払原資とすることができる。
　会社で保険契約を行うことにより、支払保険料の一部は損金として費用計上さ

れることから、保険契約によって自社株の評価額が下がるという副次的効果も存在する。

2 後継者育成の方法と課題

親族内承継ならびに社内承継においては、一定の期間、その候補者の選定並びに育成が必要となる。創業オーナーと異なり、候補者は当初より自ら望んで経営者となるわけではないことから、事業の引継ぎにあたっては以下の観点に基づく多面的な準備を実施することが求められる。

①対象者の自覚の涵養と周囲の理解の醸成
②総合的な業務知識・経験の習得支援
③「理念」の承継と「変革」の要請
④さまざまなステークホルダーとの「関係性」の承継

(1) 対象者の自覚の涵養と周囲の理解の醸成

事業を引き継ぐ対象者に対しては、「経営者になる」という自覚を持ってもらうことが重要となる。経営者は他の従業員と異なり、会社の方向性を見定め、有限の経営資源（ヒト・モノ・カネ）の有効配分を検討し、長期的に事業を継続することによって従業員の長期安定的な雇用を維持することが求められる。経営者と従業員の関係は「上司―部下」にとどまらず、「雇用―被雇用」の関係性も併存していることについて自覚する必要がある。経営者は、自らの権限において自社の経営資源を自由に活用・配分することで自らの望む経営を行うことが可能である反面、自らの判断ミスや経営の失敗がそのまま従業員やその家族の生活の破綻に直結するという立場であることを、現経営者は候補対象者に対し繰り返し伝えることが必要となる。

また、「創業経営者」と「承継者」では、従業員からの見え方も異なる場合が多い。自ら会社を創業し事業を拡大してきた創業経営者の場合は、その人物が経営者であることに対し従業員や取引先などの利害関係者も異論を差し挟む余地がないが、承継者の場合は、その人物が経営者としてふさわしい人物であると社内外から認められなければならない。言い換えれば、承継候補者は承継者としての「資格」があるかを社内外から評価される立場にあるということになる。もちろ

ん、社員や取引先の投票によって承継者が決まるわけではないものの、社内外から「この人物は経営者としてふさわしくない」という判断をされた場合、従業員のモチベーションは低下し、顧客の離反を招くことにつながることになる。したがって、候補者の選定にあたっては、その候補者の能力のみならず人間性についても十分見極めることが必要となるとともに、現経営者は自ら、候補者は次代の経営者としてふさわしい人物であることを折に触れ社内外で伝える努力を継続して行うことが求められる。100％満足する後継候補はまず存在せず、何らかの不満や欠点が見えるものであるが、自らの選んだ候補者に対して批判を対象者本人以外に伝えることは、結果として天に唾を吐く行為であり厳に慎むべき行為であるといえる。

(2) 総合的な業務知識・経験の習得支援

　卓越した営業能力があるから、もしくは技術的知見があるから経営者になれるというものではない。「名選手は必ずしも名監督にあらず」という格言のとおり、「プレーヤーとして優秀＝与えられた経営資源の活用に長けている」ということと、「経営者として優秀＝経営資源の調達と適切な配分に長けている」ということは全く別物であって、経営はそれ自体が１つの職能なのである。

　したがって、候補者に対しては、会社経営において必要となるさまざまな業務について経験を積ませることが重要となる。例えば、営業責任者である人物を後継候補者とする際、製造や購買といった業務領域や経理や総務・人事といった間接業務についての理解が足りていない場合は、それらの業務を管掌する取締役として一定期間業務理解を深めさせることも有効と考えられる。また、子会社の社長や役付役員を経験させることで、経営者としての予行演習を積ませることも、その人物が経営者としてふさわしいか見極めるためにも有益であるといえる。

　親族に対し経営者としての地位を承継する場合、その対象者が承継対象となる会社にのみ勤務経験があるということは決して望ましいことではない。現経営者の親族ということで周囲は無意識のうちにその人物を将来の後継者として見ることになり、結果、「敬して遠ざける」ことになることも多い。「若殿」として扱われ、本来習得するべき業務上の知識や経験が十分に身につかないことによって、将来経営を引き継いだ際に思わぬ失敗をしてしまうことになってしまっては、社内外の利害関係者全員が不幸になりかねない。したがって、一定期間、別の会社

での勤務を経験させることは重要な後継者教育プログラムの1つであるといえる。従来より商社や金融機関は、そのようないわば「取引先の次世代経営者養成機関」として機能してきた面があったが、近年、同じ問題を抱える同種事業者同士の次世代候補者の相互出向といった取り組みも広がっている。また、国内外の大学院でのMBA（経営学修士）の習得などによる知識の積み重ねや人脈の拡大も、早い段階から後継候補者が絞られているような場合には長期的視野に立った育成として活用されている。

(3) 理念の承継と変革の要請

　現経営者は、会社の根幹ともいえる理念やパーパスについて、繰り返し承継者に伝え、理解してもらう必要がある。会社は単にモノやサービスを作り／仕入れ／売るための無機質な機械ではなく、その背景には「なぜその製品を作って販売しているのか」や「なぜこのサービスを消費者に提供しているのか」といった事業目的（パーパス）があり、それを支えるのがその会社の「こうありたい」という理念である。それを理解せずに事業を承継した場合、それは本当の意味で事業を引き継いだとはいえず、全く違う会社に変貌し、消費者の支持を失うことにつながる可能性もある。

　長年勤務している社内の役職員から後継者を選定するような場合は、その後継者候補が長年の勤務経験の中で事業目的や理念を体得している場合が多いが、親族が入社後短期間で経営を引き継ぐような場合は表面的な事業構造は理解できても現経営者が持つ理念について理解が及ばないこともあるため、現経営者は自らが大事にしている事業目的や理念について言語化し継続的に繰り返し伝える努力が必要となる。

　他方、長年の慣行や習慣が、現在の経済環境や商慣習に適合していないという状況となっていることについては、承継者は柔軟性をもって変革を進めていくことが求められる。従業員の多くが「変えるべき」と思っていても、現経営者が決めた枠組みやルールに基づく取引慣行や習慣となっていることを大胆に変えることは難しい場合が多い。事業承継のタイミングは、そのような「しがらみ」を打破し、現在では非効率と考えられるさまざまな取引慣行などを大幅に変更するチャンスであると考えられる。

　この、「守るべきもの」と「変えるべきもの」については、現経営者と承継対

象者が承継前に十分なコミュニケーションを取っておくことが求められるとともに、承継者は承継後にどのような変革方針を打ち出すかについてあらかじめ準備しておくことが必要となる。

(4) さまざまなステークホルダーとの「関係性」の承継

　会社では、社内の従業員に加え、株主や金融債権者という資金の出し手、販売先・仕入先・業務委託先などの取引先企業および顧客や近隣の地域住民など、さまざまな利害関係者（ステークホルダー）との複雑な関連性が長い期間の中で構築されている（**図表 3 - 4** 参照）。会社の経営を引き継ぐということは、これらの関係性も引き継ぐということを意味する。

　このような関係性の中には、現経営者との人間関係をベースとしたものが含まれることも多く、経営者が変わった場合にそのまま以前の関係性が引き継がれるとは限らない。

図表 3 - 4：会社を取り巻くさまざまなステークホルダー

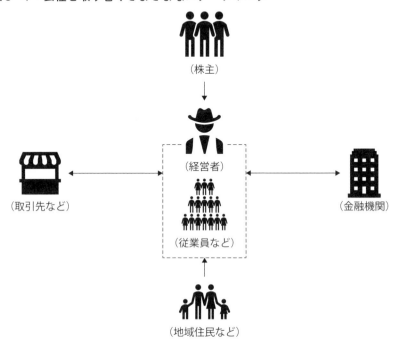

事業承継、特に親族内承継や社内役職員への承継においては、現経営者が数年間、承継者を副社長や専務取締役といった役付取締役として名実ともに承継候補者であることを明確にしたうえで「並列」することがあるが、これは主にこの「関係性の承継」を円滑に行わせることが目的となっている。関係性を文書で画

> **Column**
>
> ## 事業承継における兄弟・親族の取り扱いの難しさ
>
> 　円滑な事業承継を阻害する大きな要因として、「親族内に複数の後継候補者がいる」ような場合がある。
> 　例えば以下のようなケースが考えられる。
> 　　・経営者の子供が2人いて、その2人ともが社内にいる
> 　　・兄弟で創業し二人三脚で事業を進めてきたが、それぞれの子供が社内にいる
> 　　・創業時に資金を出してくれた大株主の叔父の子供と自分の子供が社内にいる
> 　基本的に、社長は1人であり、最終的に誰か1人を自らの後継者として選ばなければならない。そこには、優秀かそうでないかというシンプルな判断では収まらないさまざまな要因が絡んでくる。「どうせなら親戚の子供ではなく自分の子供に継がせたい」という親の感情は往々にして人の評価の目を曇らせるものであるし、選ばれなかった親族は割り切れない思いや不満を抱えながら悶々と過ごすことになるうえ、いずれは相続などで少なくない株式を保有する立場になるため、不満が講じて後継者に対する一大抵抗勢力になる可能性もある。
> 　もちろん、兄弟親族相仲良く手を取り合って経営を行っている企業も確かに存在するし、上手な役割分担で円滑に事業を発展させているケースもあるものの、多くのケースで事業承継における親族間の主導権争いは企業の成長の足を引っ張るし、社内の雰囲気も暗くなりがちである。社内の親

一的にまとめ、引き継ぐということは現実的ではなく、過去のさまざまな経緯から構築された「言語化できない関係性」については、いわば感覚として承継者が体得することが求められる。そのためには一定程度の年数が必要な場合があり、現経営者が伴走することによって円滑な関係性の承継が進む可能性が高まるとい

族外の役職員から承継者を選定する場合、複数の候補者を競わせて最後にどちらか決定するということはよくあることであるし、その場合は敗れたほうは退職したり、自らの役割を全うしてサラリーマン生活の幕を閉じるということが多いものの、親族の場合は簡単に縁が切れるわけではなく、また大株主としては存在し続けることになることが多いため、綺麗に「ノーサイド」とはならない場合が多い。

これは筆者のこれまでの経験に基づく見解であるが、基本的に親族内承継を念頭に置く場合は、以下の方針で進めることが望ましいのではないかと考えている。

- 社内に親族は1名のみとする。特に同世代を複数抱えることはよほど上手にコントロールしないと将来のトラブルを回避できない
- 親族同士で後継者のポジションを競わせない。もし複数名の親族を社内に抱えるとしても、誰が後継候補であるかは早い段階から明確にしておく必要がある
- 株式の相続は兄弟などで分割せず、承継者に集中させる（それがさらに次の世代の事業承継の阻害要因を排除することにつながる）

会社は、創業者の「財産」であると同時に、社会の公共財であり、多くの従業員の生活を支える公器であるということを念頭に、事業承継においては肉親の情を離れたシビアな判断が必要と考えられるのである。

える。同時に、さまざまなステークホルダーの側からも、「事業が承継され経営者が変わる」という事実を受け止め、新たな体制に対応するためにも一定の期間が必要と考えられ、ステークホルダーに事業承継の理解を求める役割を現経営陣は果たす必要がある。

　また、「並列」「伴走」という意味では、実質的な経営の承継を行った後も前経営者が「会長」「顧問」として一定期間新経営者を支えることが少なくない。これも円滑な関係性の承継という観点からは有意義であると考えられるものの、他方でいつまでも従業員や取引先が前経営者の方を向き、実質的な承継が進まないといった弊害が発生することが懸念される。このような承継後の並列においては、①その期間を2～3年程度とあらかじめ明確にしておくこと、②前経営者は代表権を持たず、裏方・サポート役に徹すること、が肝要といえる。

◇著者紹介◇

田中 康之（たなか やすゆき）

株式会社ASPASIO（アスパシオ）　代表取締役

京都大学経済学部卒　公認会計士

日本長期信用銀行（現　SBI新生銀行）およびその子会社において、企業融資業務・金融派生商品取引業務・事業コンサルティング業務を実施。

2001年、株式会社ブレインリンクを創業し、主に事業再生業務・財務DD・M&A実行支援を行う。2007年、GCAサヴィアン株式会社（現　フーリハン・ローキー株式会社）と統合、トランザクションサービスチームのリーダーとして財務DDやPMI支援、事業再生支援業務に従事。また、GCAサヴィアン中国現地法人の代表として多くの日中M&Aの検討および実行を支援。

2014年、株式会社ASPASIO創業、現在に至る。

M&A Booklet

事業承継M&Aの進め方(上)―事業承継の戦略立案

2024年9月20日　第1版第1刷発行

著　者　田　中　康　之
発行者　山　本　　　継
発行所　㈱中央経済社
発売元　㈱中央経済グループ
　　　　パブリッシング

〒101-0051　東京都千代田区神田神保町1-35
電話　03(3293)3371(編集代表)
　　　03(3293)3381(営業代表)
https://www.chuokeizai.co.jp
印刷・製本　文唱堂印刷㈱

ⓒ 2024
Printed in Japan

＊頁の「欠落」や「順序違い」などがありましたらお取り替えいたしますので発売元までご送付ください。（送料小社負担）
ISBN978-4-502-50421-1　C3334

JCOPY〈出版者著作権管理機構委託出版物〉本書を無断で複写複製（コピー）することは，著作権法上の例外を除き，禁じられています。本書をコピーされる場合は事前に出版者著作権管理機構（JCOPY）の許諾を受けてください。
JCOPY〈https://www.jcopy.or.jp　eメール：info@jcopy.or.jp〉

M&A Booklet

「M&Aの世界を旅する」をテーマに、M&Aにまつわるさまざまな知識、技法、トピックなどを幅広く取り上げます。

プロフェッショナル財務モデリング
―入門と実践―
中尾 宏規 著

学生、新社会人、M&Aやプロジェクトファイナンスで新しく財務モデリングに取り組む企業の担当者、その他財務モデリングに興味のある方々を対象に、財務モデリングとその周辺領域、実務の現場で使用されているExcelショートカットや関数などの幅広い内容をプロフェッショナルに学びます。

「PBR 1倍割れ」の基礎知識
M&Aによる価値向上への処方箋
守山 啓輔 著

企業価値を測定する指標のひとつである「PBR」がにわかに注目されています。昨今耳目を集める「PBR 1倍割れ問題」をふまえ、本書では企業が株式市場における企業価値を中長期的に向上させるためのアクションを考え、その実現手段としてM&Aやスピンオフの有効性を解説します。

中央経済社